GENUINE
SUZHOU

地道風物

苏州

范亚昆 主编

009

北京联合出版公司
Beijing United Publishing Co.,Ltd.

图书在版编目（CIP）数据

地道风物. 苏州 / 范亚昆主编. -- 北京 : 北京联合出版公司, 2019.6（2024.5重印）

ISBN 978-7-5596-3194-7

Ⅰ. ①地… Ⅱ. ①范… Ⅲ. ①地方文化－苏州 Ⅳ. ①G127

中国版本图书馆CIP数据核字（2019）第080076号

地道风物 · 苏州

总 策 划：陈沂欢　马　蕾
主　　编：范亚昆
执行主编：贺　靓
图片总监：何亮靓
策划编辑：聂　靖　何涵妃　李　佳
责任编辑：龚　将　夏方鹏
图片编辑：张律堂　陈钰曦
地图编辑：程　远　刘昊冰
营销编辑：王思宇
书籍设计：杨　恒
特约印制：焦文献
品牌合作：郭颖谦
策　　划：北京地道风物科技有限公司
制　　版：北京美光设计制版有限公司

北京联合出版公司出版
（北京市西城区德外大街83号楼9层　100088）
北京联合天畅文化传播公司发行
北京中科印刷有限公司印刷　新华书店经销
字数：209千字　710mm × 1000mm　1/16　印张：16
2019年6月第1版　2024年5月第7次印刷
ISBN 978-7-5596-3194-7
定价：68.00元

苏州里的中国

文 范亚昆

“苏州是一颇名贵之大城。”13 世纪意大利旅行家马可·波罗在游记中这样描述中国的苏州。无论他是否真的到过中国，苏州大城早已在欧洲到中国的漫漫旅途上成为一个关于“名贵”的传说。

在马可·波罗之前，苏州城已经在东方的土地上矗立了一千八百多年，是古代中国最古老的城市之一。从春秋时代吴国建立都城至今两千五百年，苏州城的位置几无改变，如今的城市中心区，依然沿用着宋代的街道格局。

之所以“名贵”，是因为苏州乃江南的苏州。唐代以后，中国的经济重心自北方逐渐移至江南地区，大运河在这一过程中起了重大作用；长江与太湖流域的水系交通使众多江南城市组合为相互影响的城市群落，在城市群落中，苏州的丝织业繁盛，财富长期累积，市民社会高度发达。

然而，与其说苏州是“名贵大城”，毋宁说，苏州为中国开辟了一个独特的文化空间，使“江南”成为一个文化意象，影响力日益凸显。

这个文化空间，包含了园林、昆曲、书画、饮食、家具、刺绣……这些最初源于文人阶层的趣味，继而被士绅和商人所追捧，之后扩展至市民生活，成为一种潮流。当文人趣味变成时尚与消费潮流时，趣味的领导者通过变化来寻求更多的自由和独立的优越性，追随者则开始新一轮的仿效——精神追求与消费主义在漫长年代中相互博弈，其结果是大大拓展了这一地域的审美空间，使明清时期以苏州为代表的江南文化成为时尚，北上影响了宫廷文化的发展，同时成为上海的文化源头。

苏州城所建立的这种审美传统，使之成为中国时尚的引领者。苏州的乡土，则在美学上诠释了“江南水乡”的意象，又在近代经济变迁中成为江村发展的一个缩影。

近代以降，风尚变幻，无有定法。而苏州仍是诗里的苏州，夜市卖菱藕，春船载绮罗。

目录

风

物

天选苏州：富甲天下是怎样修成的

苏州，中国人的理想都市

苏杭，两个天堂的实践与想象

苏州与上海，时代的交接

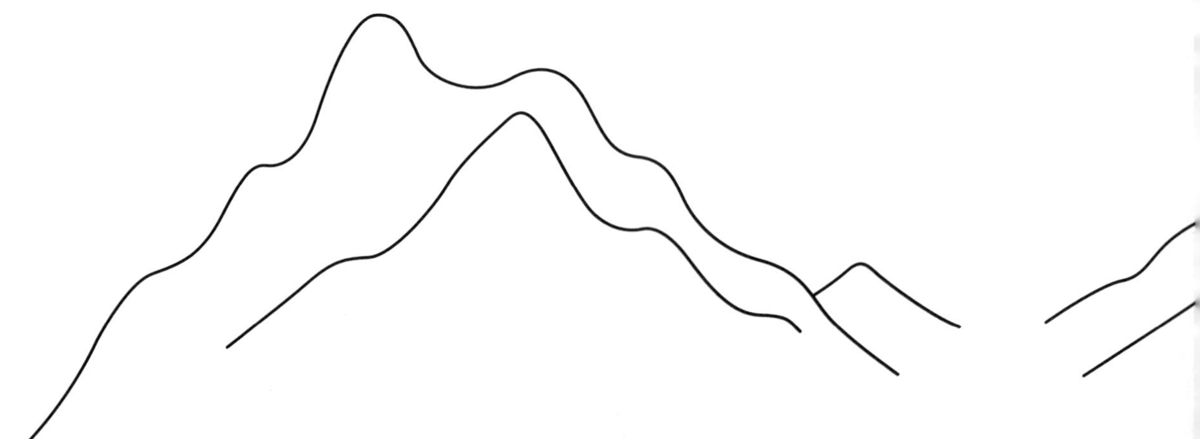

地

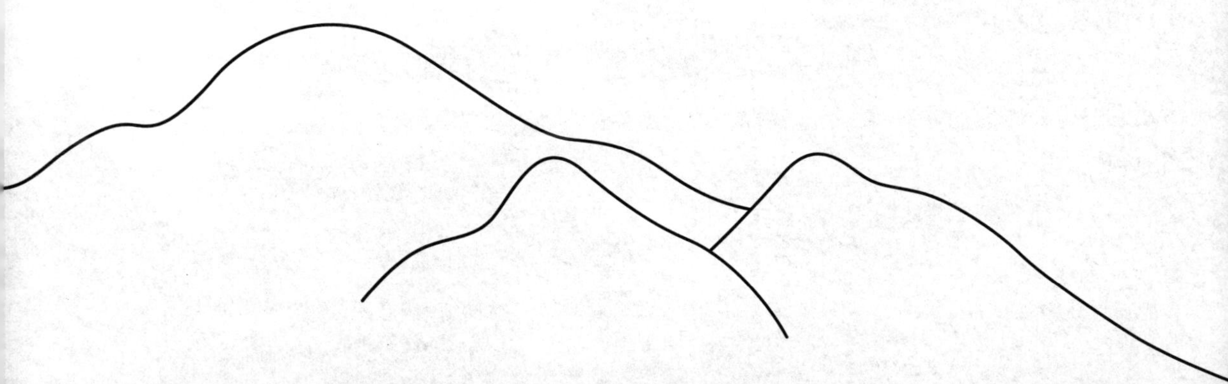

天选苏州：富甲天下是怎样修成的

文 许君达

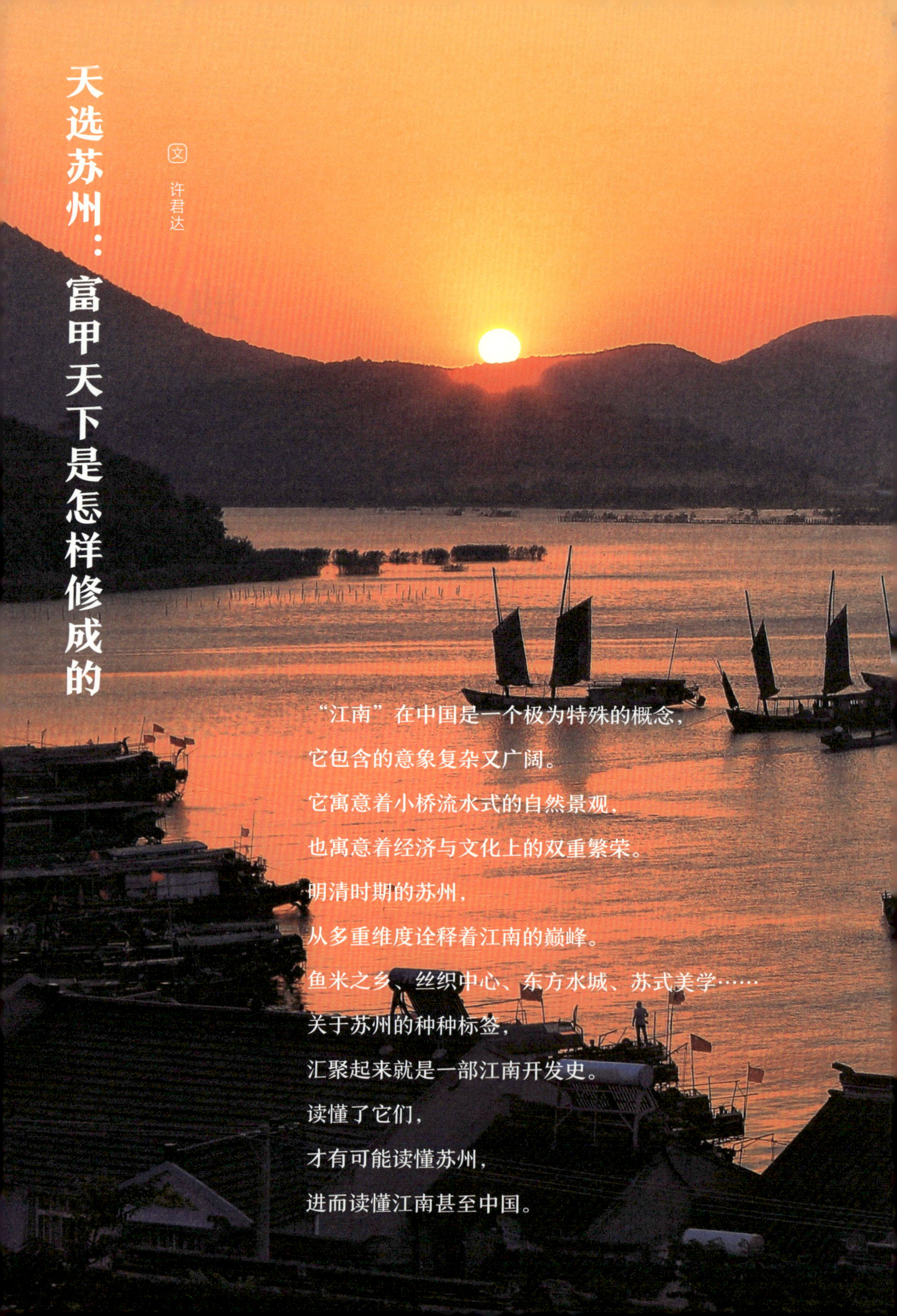

“江南”在中国是一个极为特殊的概念，
它包含的意象复杂又广阔。
它寓意着小桥流水式的自然景观，
也寓意着经济与文化上的双重繁荣。
明清时期的苏州，
从多重维度诠释着江南的巅峰。
鱼米之乡、丝织中心、东方水城、苏式美学……
关于苏州的种种标签，
汇聚起来就是一部江南开发史。
读懂了它们，
才有可能读懂苏州，
进而读懂江南甚至中国。

太湖是江南地区的水系根基。太湖一带，从吞吐潮汐的海湾变成远近闻名的“鱼米之乡”，是一部从泽国变水乡的江南开发史。摄影/黄明明万历二十九年（1601 年）盛夏的一天，两千多手持棍棒的年轻男性在苏州玄妙观聚集，浩浩荡荡地冲向葑门外的税关。在葑门外，他们遇到恶名远扬的税官黄建节——他正在欺侮一个交不起税的小商贩。群情激愤之下，施暴者脑袋开花，成了这场暴动的第一个牺牲品。随后，众人捣毁了收税的机关，并全城搜捕驻扎在此的税务官员。不过被追缉的首要人物，苏杭织造太监孙隆偷偷出城，连夜奔逃到杭州去了。

聚集在一起的这些人是平时从事织机操作的工人，由于税负太重导致机户，也就是当时的资本家亏本停工，这些无事可做的机工没有盲目地找他们的老板发泄愤怒，而是直接去找“罪魁祸首”算账，引发了事端。

在对个体和地方有着碾轧式掌控的东方式皇权社会中，没有与权力中心紧密捆绑的财富势必会招致觊觎和攫取，因此在当时的财富中心苏州地区，不仅农业赋税全国最重，对工商业的雁过拔毛也与时俱进地水涨船高。不剥削你，还能剥削谁呢？

根本原因还是苏州太富了。

苏州所在的江南地区可以说是天选之地，富绝海内、文化繁荣，为历朝最高统治者所关照和护佑——虽然他们的最终目的可能只是让这里创造出更多的财富，然后一并攫取之。

说来或许令人难以置信，江南的开发史，可以说是一部从不毛之地中长出来的造富史。

与水争田，从泽国到水乡

“江南”是一个在历史上逐渐迁移和聚焦的概念。

最初的“江南”很趋近于它的字面含义——“江之南”，泛指整个长江以南，对于早期中原居民来说，是一片陌生的混沌疆域，若以《禹贡》的“九州”观念来划分，则几乎整个荆州和扬州都可以纳入“江南”的范畴；从唐至宋，“江南”开始成为政区之名，在史书中有了固定的亮相。今日所指的江南，一定程度是在明清时代才逐渐成形的狭义的江南，它指向苏南浙北这片多水的平原地带，专指以苏州为中心的几个平原府域。这个位于长江下游、太湖之滨的地带始终是整个帝国境内财富汇聚度最高的经济中心，“江南”之名也最终从自然地理领域，过渡到经济和文化概念上。

江南是太湖之子。

太湖曾是个吞吐潮汐的海湾，后来由于陆地生长，由海变湖，却并没有断了与海洋的联系。纵横遍布东岸平原地带的河流港汊都是太湖的排水渠道，通过西南边山区的注水和东边渠道的泄水，太湖实现了自然脱盐淡化，变成一个淡水湖。

这个从海到田的变迁过程发生得并不久远。成书于战国时代的《尚书·禹贡》就记载了这个变迁刚刚发生不久时的形态："三江既入，震泽底定。"这里的"震泽"是太湖的古称，"三江"，指的则是当时太湖通海的三条主要水道：娄江、松江、东江。唐代以前，三江皆宽阔通畅，源源不断地把太湖之水排向海洋。不过水的搬运和堆积作用也会让河流在平原地带逐渐淤积、堵塞、冲决、改道，或者干脆潴水成泽，不再向海。这个过程在人力的作用下会大大加快。

被江河湖海塑造的苏州

"水"是影响苏州城市环境的主导因素。苏州之水，西起太湖，经由京杭运河及纵横交错的河港、湖泊，由娄江、吴淞江、黄浦江等分道进入长江，并最终流入大海。江河湖海，不仅提供了丰沛的水源，也一度兼舟楫之利，共同塑造着苏州的自然和人文环境。

唐代以后，长江中上游人类活动日趋频繁，水土流失加剧，泥沙在江口处逐渐淤高，阻滞了三江出水口，甚至在长江来水量大或者海潮上溯汹涌的时候，携带着泥沙的江水和海水还会倒灌进江口。排水不畅，使太湖水体面积越来越大、水位越来越高，上下游之间都在抬高的水位使河流泛滥恣肆，多余的水都蓄积在了湖东侧沉降严重、地势低洼的地方。

这些积水构成了一种全新的地理形态——湖泽河网密布的水乡。翻开苏南的地图，在环绕太湖东北岸的运河以东，能看到阳澄湖、淀山湖、澄湖、独墅湖等一连串较大湖泊，以及它们之间穿插密布着的无数小湖。这片湖荡区西起苏州、吴江一线，南承杭嘉湖平原，东和北直抵古海岸堆积成高垄的"冈身"砂带，是整个太湖平原的集水中心，被学者称作"碟形洼地"。

成百上千的沟、荡、潦、洼，还有洪水不时从高处席卷而来，这样泥泞稀松、

唐宋时期人工改造形成的塘浦圩田系统，造就了今日江南水田的基本形态。圩田建设不仅理顺了江南地区土地、水与人的关系，也大大提高了土地生产力。
摄影 / 闻军

水陆不分的原生湖沼地貌可不是理想的家园，更不适宜农业生产。

根据考古发现，太湖流域从四千年前的新石器时代开始，就有了较为发达的原始农业。不过这些遗址主要集中在地势较高不被水淹的地方，说明当时尚不足以用人工的力量对抗“碟形洼地”里的水，只能顺其自然地择高旱土地而居。春秋时代的诸侯国吴国最早把太湖平原纳入史家的简牍之中。吴国政权早期的活动空间主要集中在太湖北岸的无锡一带，那里地势稍高，还傍有残丘（比如今天的锡山、惠山），土层相对更加坚实，没有过多的水泽涝洼，比东岸苏州附近的碟形洼地更适宜早期人类的居住和农业生产。不过宜居的土地很狭小，局限了王国的进一步壮大，所以吴王诸樊在位（前 560 年—前 548 年）时，为了更好地开发宽阔的太湖东岸地区，同时也要对南方正在兴起的越国有所提防，将都城迁到了苏州所在的吴。随后筑起的城池就是今天苏州城的前身。

今天回过头来看，苏州城的选址仍不失巧妙。翻开地图，会发现太湖东北角有一个岸线极为崎岖的部位，那里是一个山丘密布的地方，其中最高大的两座山——洞庭东山、洞庭西山，还深深地插向湖心，被水包围成为岛屿。这片高起的山丘地带向东逐渐没入低洼的太湖平原，苏州城正坐落于这个交接地带。对于东侧卑潦的碟形洼地来说，苏州城地势高亢、泥泞不沾身，又没有过分贴近丘壑，失掉平敞的地利和临水之便，位置可谓恰到好处。苏州城2500年来从未迁过城址，今天仍被视作一个奇迹。

实际上，吴王之所以能够顺利迁都，很大程度上是因为新的治水技术传入，使苏州附近的低洼湖区有了被开发的可能。

春秋时期，吴、越两国与中原相距遥远，属于“华夏边缘”集团，先进的农业技术传播到这里很不容易，而且也并不适应此地的地理环境。不过同处长江流域的楚国率先开发出了更加先进的农业水利技术，能够有效改造湖泽，使之变为良田。随后，这技术便传习到了邻近的吴和越，不仅促成了太湖流域的水乡开发，楚国自己还差点被因此而迅速强大起来的吴国灭了国。

楚国的云梦泽地区与太湖平原相似，也是低洼潦涝的湖沼地带。楚人选择最低洼的地方辟为蓄洪滞涝区，深挖筑堰，把多余的水引到这里集中存蓄；靠近堤岸的浅滩草地辟为牧草区，堤防边不成片的畸零地辟为小町亩；剩下的成片的土地经过排水沥干，便可辟为沟洫农田，而且十分肥沃，与水稻种植业所需的理想土壤环境非常契合。这种垦殖形式就是被后世称作“围田”的雏形。

吴王寿梦时代（前 585 年—前 561 年）吴楚相通后，吴国的水利技术得到了迅速提升，国境东部大片荒地得到垦拓，不到六七十年，吴王阖闾、夫差即称霸中原。这是一个里程碑式的事件，作为一个长期被忽视的边缘地带，太湖流域

江南的开发史是与水争田的历史。受水的因素影响，村镇聚落大多紧沿河道、农田排布，人们的生产生活也围绕水而展开。摄影 / 孙伟忠

船过去是通行于太湖水网的重要交通工具，人们借由舟楫往来市镇，进行货物交易，也用它捕捞水产谋生。图为苏州东山养殖户们乘船往来于鱼塘与家之间。摄影 / 焦青

太湖之水给予了江南地区农田灌溉之利，也让这里享有丰厚的水产资源。鱼、虾、蟹、蚌一年四季不断，为江南人民提供了充足的食物。摄影 / 张克新（上）、李孝祥（下）

从这个时候开始真正进入了华夏文明的视野。实现这一转变的基础，就是吴人在楚人的影响下，找到了一种与水共处、与水谋利的生存方式。

吴国的南邻越国也在同时传袭着这种技术。越王勾践灭吴后，迁都至吴的旧都苏州，越人在吴国故地统治的百余年中，进一步发展了水利技术，将围田推进到太湖东岸碟形洼地的腹地。越人在洼地挖土，堆筑成垫高的“陵道”，既方便行路，又起到挡水作用，更方便建筑围田，这也是太湖水乡建设大型堤堰的起始。

围田的本质其实是与水争地，通过围挡筑堤把原有的湖泽或河面占据成田。在人类活动尚少、天然水域还有足够空间的时候，松散的围田还不至于影响到河湖的正常排水。随着西晋永嘉之乱后，江南人口迁入越来越多，人地矛盾、人水矛盾也开始突出，大量围田堵塞水道，导致水患日增。

这就需要在开荒垦拓的时候有计划地预留出行洪泄水用的沟渠，使田亩与水道循形就势，有序排列。传统上，这些人工沟渠，横者称为塘，纵者称为浦，规划有塘浦系统和灌溉功能的水中之田称为“圩田”。“围田”与“圩田”，读音相同，形制相似，最大的区别在于发展的程度。农史学家缪启愉先生认为，“围田”是围水造田的初级形式，比较自发、粗放，而“塘浦圩田”则是它的升级状态——与我们今天能够看到的江南水田已经比较相似了。

太湖平原的大规模圩田建设始于唐朝。唐初盛世之时，北方的农业生产已不足以完全养活政治中心的上层建筑，王朝的经济命脉开始向东南地区转移，随后的安史之乱更是彻底把全国经济中心推向了江南地区。唐人在太湖平原上广开塘浦、圩堤、闸口，把垦区扩充到从湖岸到海滨的几乎所有未利用土地上，与此同时进行的是湖堤和海塘的大规模兴建，保障了新开辟的圩田不被湖泛和海潮所扰。

唐宋之间，北方乱战，农业凋敝，南方诸国却相对和平安定。当时控制江南地区的吴越钱氏比较重视休养生息，太湖平原的圩田建设和养护达到了一个极致。当时负责管理开圩屯田事务的“都水营田使”是一个权力很大的官职，直接对最高统治者负责；同时，由于战事不兴，吴越国还分出了很大一部分军队专事水工及养护，其中一支名为“撩浅军”的部队是吴越的独创。这个万余人的队伍专职负责疏浚塘浦、涝河泥、修堤防堰闸、修桥、植树、修缮护岸等，还同时自营垦殖，用以自给。

这一时期，太湖平原在人类不懈的改造下，终于从泽国变成水乡，理顺了人与水的关系，这片土地的生产力被完全释放了出来。

京杭运河南北贯穿苏州境，一度给沿线市镇带来繁荣。图为震泽镇，从镇上穿过的頔塘河东部与京杭运河连接，给这个丝市中心带来了巨大活力。摄影 / 吴娉

京杭运河的变迁与江南的崛起

大运河主干线，从隋代的“人”字形，至元代呈南北向直线，一定程度折射着中国政治、经济中心的变迁历程。这一变化背后，是江南作为经济中心地位的逐渐确立。通过京杭大运河，北京这一政治中心与江南这一物资集散中心紧密连接起来。

农业革新，丝棉的出现

对于太湖平原来说，钱氏治下的富民良政是一个良好而和平的过渡。圩田系统的完善只能算是江南富土“创业史”的第一步，随后的几百年间，才是这片土地从“饶”到“富”的关键时代。

圩田不仅是一种生产方式，也深刻地影响着地理空间的格局。

农业发展、人口增加之后，人群聚集而居的城镇自然会越来越多。早期江南平原上的城镇多兴起于圩田之间、水道汇集的枢纽位置，它们多是农业村庄自然生长而成——紧邻水道交通、下田劳作近便，越来越多的人选择住在这些枢纽之处。

早期的圩田规模很大。吴越时，塘浦一般深达三丈，宽二三十丈，圩岸高达两丈，多设堰闸。一个大圩基本相当于当时的一座城池，面积约有十至三十平方里，除去圩岸及圩内沟渠、堤岸、道路、房舍等，可用耕地约在数千亩至万亩以上。范仲淹曾对江南大圩有过描述，可以辅助理解其规模：“每一圩方数十里，如大城，中有河渠，外有门闸。旱则开闸引江水之利，潦则闭闸拒江水之害。旱涝不及，为农美利。”田大意味着水道稀疏，因此城镇的扩张便会受到地理条件的限制。

从宋朝开始，随着人口的进一步增多和大规模屯垦组织的瓦解，大圩田逐渐被原子化的小农生产单位切割开来。划分田亩最简便的方法就是加密水网，这样一来，水陆之间的节点越来越多，从空间上给江南市镇的发展创造了条件。此外，越来越小的田块不再需要把大量的人口拴在土地上进行劳作，这些富余出来的剩余劳动力以自由民的身份进入市镇。他们既无法被农业生产所容纳，便只能转而从事工商产业。在人和地双重利好的刺激下，工商业市镇的嫩芽开始从江南河网与田亩之间萌生出来。

土地利用方式的剧变是工商业起步的前提。最传统的利用方式自然是把所有土地都用来生产粮食，为生活其上的人口提供食物。如果无法在满足人口生存的基础上产出多余的食物，一方土地就只能一直徘徊在贫困和温饱的临界线附近。

剩余，才是创造更多财富的初始条件。

在圩田工程已经纯熟的情况下，如何促成生产力的进一步释放？著名华裔史学家何炳棣给出了一个可能的答案：占城稻在江南地区促成了这个质变。北宋时期，来自东南半岛的占城稻被引入中国，并迅速在太湖地区推广开来。这个优质稻种在江南的气候条件下可以实现一年两熟，使单位面积土地上的生产更高效，在玉米和薯类从美洲大陆远渡而来前，占城稻的引进是中国农业史上最重要的一次革新。

有了剩余的土地空间，粮食之外的各种农作物逐渐出现在江南的圩田之中。一些土地本不宜种植水稻，比如位于“冈身”地带的松江府，古海岸堆积层在这里积淀成很高的砂石质地垄，土壤瘠薄又存不住水，水稻在这里生存不易，当时还不太受欢迎的棉花倒是长势不错。之所以不受欢迎，是因为技术尚不成熟，棉花细软柔韧的纤维还很难被用于制作人们身上的衣装。宋末元初之际，一个被唤为“黄道婆”的女子从遥远的海南岛归来后，解决了这个技术问题。经过一代代的演绎，黄道婆的故事已几乎成为传说，但棉纺技术的传入，并使棉花逐渐成为重要的经济作物，是实实在在发生在当时的江南的。

运河水网，江南之富的命脉

经过一段时间的自发生长，棉和丝成为太湖平原地区除了鱼米之外最重要的两种农产品——东部的沿海高地产棉，碟形洼地腹心部位的圩岸上植桑养蚕。而它们正是附近那些新兴市镇所渴求的。

有了丝棉原料的供给，聚居在市镇中不事农耕的“闲散游民”们就可以在手工作坊中开工织布了。当生产逐渐聚集、规模逐渐扩大，原本只是个体谋生手段的纺织工坊开始成为整个地方性的产业。

当然，光有了产品还不够。把产品卖出去，变换成财富流转回来，才能真正形成工商业的繁荣。

这一答案的关键仍是“水”。低洼的太湖平原上最不缺的就是水。打开地方旧志里附录的江南地图，会发现其多半被水波纹样覆盖。在汪洋一片的太湖旁边，苏州、松江、湖州、嘉兴等府城与一些规模较大的市镇，像一个个孤岛一样飘零在涌动的波纹之中，好像“水”才是大地的本体，陆地成了陪衬。

整个江南地区除了太湖这一水系根基外，仍有极为丰富的水系资源。北部长江，东部大海，区域内部又有大量湖荡、河港相连，这些天然与人工开凿的水系交错，让江南区域具备其他地区难以匹敌的水运交通优势。

长江干流及其中上游的诸多支流，是中国版图上覆盖面积最广、运输条件最好的水运系统。不过长江下游的“脾气”可不太好，浩浩荡荡、风涛险恶的水面与汪洋无异。太湖平原虽与其相邻，但绵密脆弱的圩田水网无法承受江口巨流的冲击，所以江湖之间的天然联络并不紧密，中间需要一个稳定的、人力可控的过渡地带——江南运河正是这个承担调节和联络功能的人工杰作。

江南运河的开凿最早可追溯到春秋时期，最早的泰伯渎就连接今天的苏州、无锡两地，并将水系通向长江。吴越称霸时，吴国又通过把自然水道相连接的方式将运河拓展至钱塘江。此后历代修筑完善，至隋大业六年（610 年），隋炀帝下令疏浚江南运河古道，京口（今镇江）至余杭（今杭州）段正式纳入隋代以洛阳为中心、连通南北的大运河体系当中。

太湖浩瀚似海，又居高临下，在无动力运输的时代，人力并不能很好地驾驭如此辽阔的水面，因而江南运河始终与太湖保持着距离。运河在太湖的东岸和北岸绕了一个大弯，这个大弯的拐点正是在苏州城西门和南门外。太湖水通过胥江等水道与运河相汇，运河再分流经阊门、胥门流进苏州城。通过苏州城内三横四直的水道网络，汇聚至吴淞江、娄江等主要泄水通道排入大海。经由四通八达的水路网，苏州将内城与运河、大江、大海整个连接起来，兼具了内河航运与海上交通的便利。

苏州并没有主动选择运河，正相反，可以说是运河选择了苏州。为了保证水流的稳定和流畅，运河的不同段落落差不能太大，用现代科学的术语来说，就是尽可能沿等高线而行。这意味着，江南运河经过太湖东岸的时候，不宜直接穿过碟形洼地的底部，而是只能在洼地中心和太湖湖岸高达数米的落差之间小心翼翼地择取一个高度合理的狭窄地带通过。率先落座的苏州城已经扼守在了这个狭窄地带的咽喉部位，运河想绕开它？无可选择，只能拥抱苏州。

水能载舟，舟能装货。作为当时江南的航运中心，只要一条船，苏州就可以低成本地将数量巨大的丝棉制品和其他货物运输出去。对工坊商号来说，高效而畅通的货物运输，意味着产品可以卖到更远的地方、卖给更多的消费者；对农民来说，运力增大，就能为工商市镇提供更多丝棉原料，可以获得比粮食作物更大的收益。

江南运河将长江、钱塘江、太湖几大主动脉连通起来，太湖平原内部又通过

运河上往来船舶众多，半夜停船过夜，船老大们将船只彼此连在一起，以保证安全稳固。日头初上，船民们划着小舢板出来打招呼，解开绳索，再开始新的路途。摄影 / 丁嘉一

毛细水网与运河相通。往来的人流货流就像血液里的营养物质，从毛细血管汇流到主动脉，再反过来，流遍整片土地的肌理。通过江南密集繁复的水网，水运的低成本优势，扩散到区域内的每一亩土地、每一个村镇。在这个过程中，位于水路交通节点的一些米粮集市也顺势发展成了繁荣的市镇。

江南运河只是京杭大运河这个帝国运输大动脉中的一个段落。长江以北，运河继续向北延伸，贯穿黄淮流域，直至华北平原。这就意味着，以苏州为中心的太湖平原的强劲产能得以输送到遥远的北方，而江南也从辽阔的地域中获取自身所需的资源和财富。京杭大运河将整个中国经济最发达的地方和绝大部分的人口，尽皆纳入了一个依靠廉价高效的运输而构建起的经济体系内。

白银助力，中国的财富集散地

“被动”地成为交通枢纽，不是苏州称雄江南的唯一原因。

苏州城南的宝带桥始建于唐代，它平行于运河，是运河古纤道的一部分。如今千帆过尽，现代公路替代其原有功能，宝带桥成为历史的见证物。摄影 / 殷启民作为区域内最早的城市，苏州始终把持着区域性政治经济中心的地位，从未旁落。中心势必带来各方面资源的积聚，尤其是精英阶层的聚居，帮助苏州城积聚了丰富且高端的商品和服务，这是普通市镇所不能具备的。因此周边村镇甚至府县的购买力源源不断地汇聚过来，增长的财富反过来也进一步哺育着消费市场的顶级水平。

经过数百年的稳定增长，苏州的聚富能力在明清时代攀升至巅峰。此时，苏州的发达程度已臻化境，内部潜力很难支撑起过于显著的提升，因而外部的助力显得尤为重要。

隆庆元年（1567 年），明王朝开始有限放开曾经严厉的海禁。此时，海外来客不再仅仅是觊觎优厚赏赐的日本、琉球或南洋岛民，而开始有了高鼻深目的南欧人和赤发白肤的荷兰人。他们带来了从秘鲁、墨西哥和日本九州攫取的巨量白银，用以购买中国产品。中国本土的贵金属储量并不丰富，金银虽然很早就是官方指定的一般等价物，但其价值总量长期难以满足全国范围内流通的商品价值量，因此更多会作为储值物、而非货币而存在。来自外界的白银资产涌入后，商贸活动得以逐渐货币化，无论是生产力还是产品，其所蕴含的固定价值都能在一个统一的标准下明码标价，并以白银作为货币媒介进入流通环节。

在一段时间的输入和积累过程之后，万历初年横空出世的张居正改革就是对这场货币化变革的一种官方认定和加持：其中最重要的“一条鞭法”要求将实物税赋和实体徭役折合成银两，税收统一改为货币形式。这并不代表国家政权不再需要粮食布匹和劳工，毕竟银两不能直接用来给军队和官员填饱肚子，但既然有了定价，政府同样可以用征收来的银子去购买所需的物资和劳力。

白银，这些广受欢迎的“外来者”开始在辽阔的疆域中流转起来，并逐渐形成一个往复不停的闭环：抵达东南沿海的港口、进入外销产品集散地与生产者、上缴国库、政务开支（购买商品）、重新进入物资商品集散地与生产者……不难发现，其中的中枢环节就是“集散地”，产品与劳动力在这里聚集，意味着更多的财富在这里来而又往。货币财富的特征在于存储性很低，只有尽快地流通起来才能实现其使用价值。因此，这样的“集散地”会同时具备强劲的消费需求和强大的消费能力，供销两旺。与此同时，随着商业需求的逐渐高端化和精英化，资本浓度越来越向单个中心区域倾斜，投入越大，回报越高。

历数明清时代的各大经济地理中心，毫无疑问，作为全国性生产与商品贸易的中枢，唯有江南算得上这样的“集散地”。作为江南的中心，苏州自然也担得起整个中国的财富集散地。

已有千年历史的虎丘塔，耸立于姑苏城西郊的虎丘山上。相传吴王阖闾葬身于此，流传出诸多传说故事，虎丘塔也成为古老苏州的标志性建筑。摄影 / 任祝成

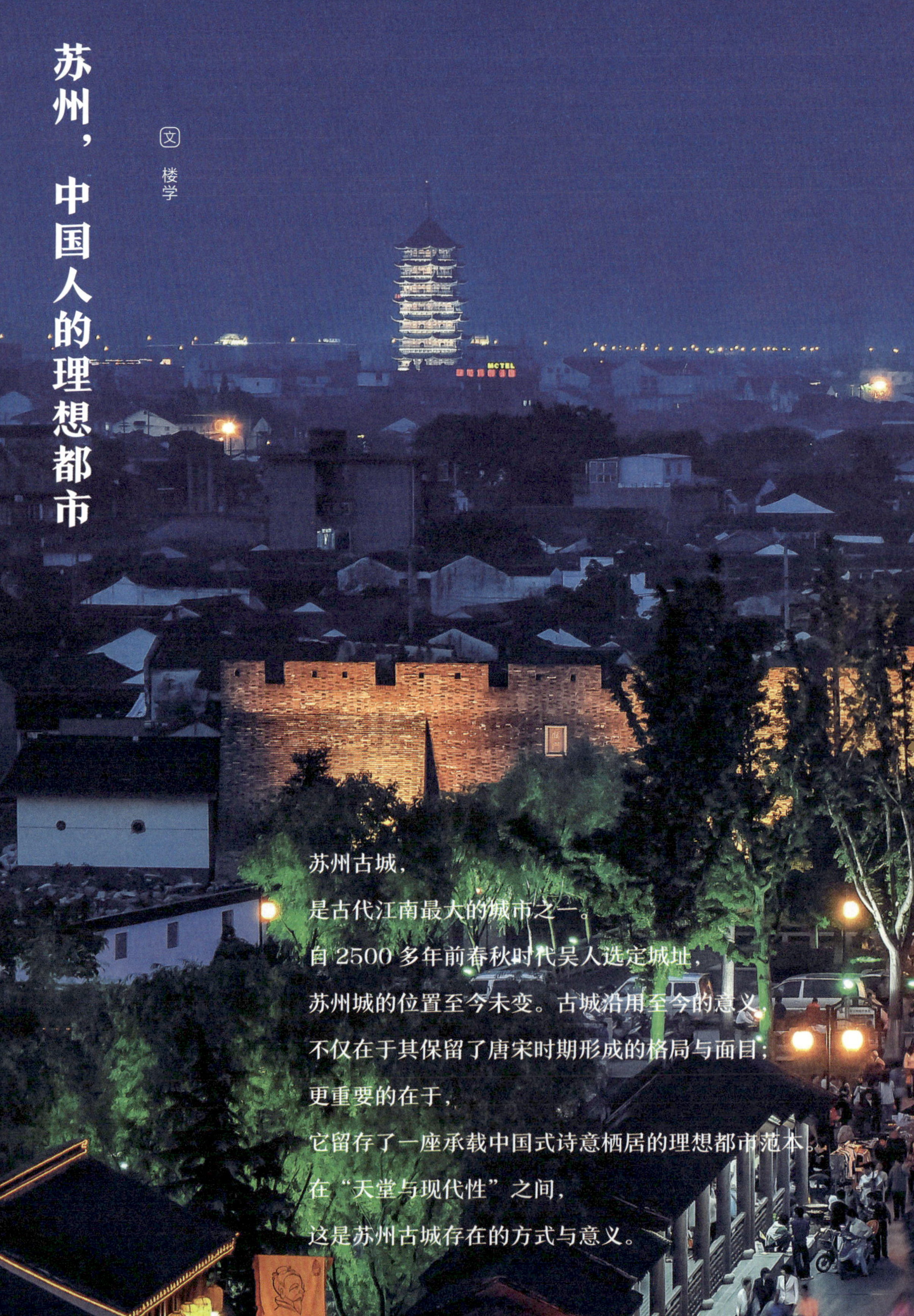

苏州，中国人的理想都市

文 楼学

苏州古城，

是古代江南最大的城市之一。

自 2500 多年前春秋时代吴人选定城址，

苏州城的位置至今未变。古城沿用至今的意义，

不仅在于其保留了唐宋时期形成的格局与面目；

更重要的在于，

它留存了一座承载中国式诗意栖居的理想都市范本。

在“天堂与现代性”之间，

这是苏州古城存在的方式与意义。

在中国，恐怕很难再找到一座苏州这样的城市，在完整的古城格局中，触摸到如此多古典时代的遗迹。它如此端正地立于东方世界瞩目的焦点上，勾勒出世人的共同向往。摄影 / 马耀明在长三角的一群朋友中，不少人都有同样的习惯：有事没事，去一趟苏州。春天到了，是去逛园子的好时候，在艺圃的乳鱼亭里发出今春的第一条朋友圈，抱怨两句“个人私藏”正被越来越多的人发现。初夏，又总有一群人跑去姑苏城里寻找地道的三虾面，苏州面固然无时不有，可三虾这般的奢侈浇头总是时日无多。再或者苏州博物馆开了新展，总要例行去和文徵明、唐伯虎们叙旧；再或者昆曲有了新场地，泡上一杯碧螺春，来会一会久违的票友。

公元前 514 年，吴王阖闾命楚国人伍子胥在诸樊所筑城邑的基础上扩建大城——苏州人普遍认为这是今日苏州城的直接源起。两千多年后的今天，诗意的江南进化成为现代化长三角，苏州仍然在伍子胥相中的位置上代言着东方传统的生活方式。她曾经引领过的流行潮流，竟也未曾过时。

去苏州，总归是引人羡慕的。在现代的中国，很难再找到一座苏州这样的城市，当你徜徉在水道纵横的老城内，还能触摸到如此多古典的园林、家宅、街巷。平遥、丽江固然真实完整，但它们却更像中国历史的番外篇，都未曾能代言主流

民国期间，至诚堂发行的苏州全景图，描绘了 20 世纪 30 年代苏州城的鸟瞰风景，清楚标示了苏州古城的基础地理环境、古城方位、名胜等信息。供图 / 秦风老照片馆

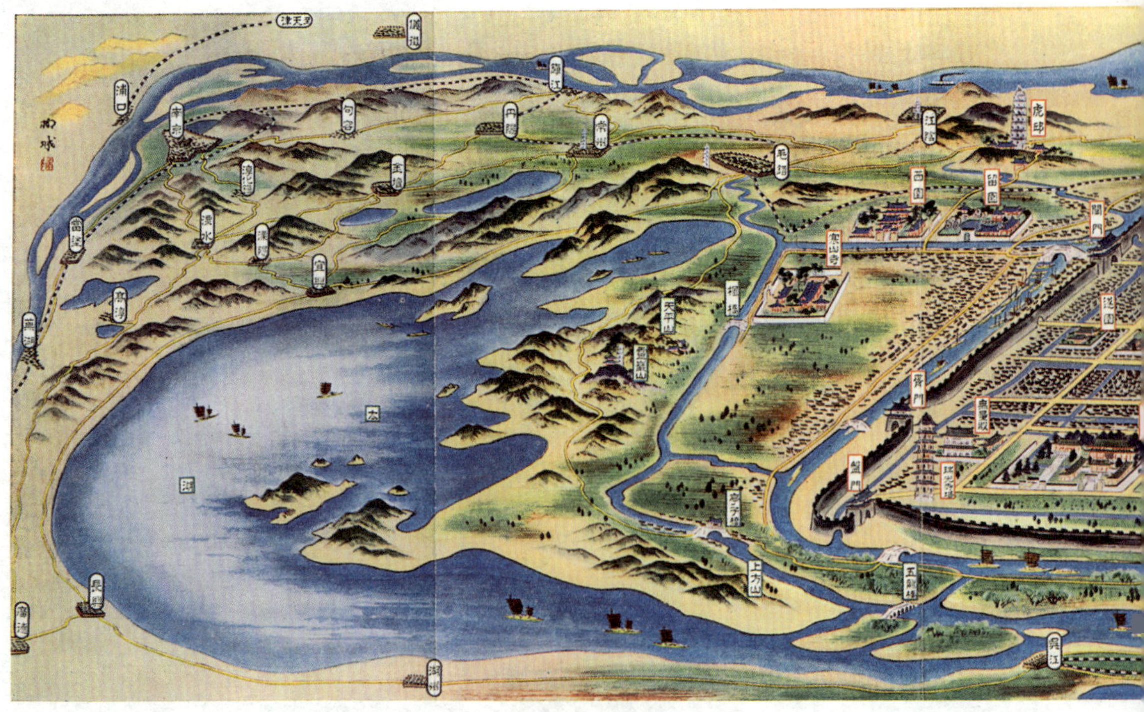

文化的审美趣味。只有苏州是如此正中地端坐在东方世界瞩目的焦点之上，哪怕只是最简单的白描，也能勾勒出世人心中的共同向往。

水陆双棋盘，稳定两千年

如果不是有心去寻找《平江图》，一般游人很容易匆匆逛完南门附近的苏州文庙。苏州是中国古代科举史上功名最盛、成绩最优的城市，范仲淹在这里首创苏州府学，“庙学合一”的办学方式使苏州开全国文庙之先，更开启此后的鼎盛文风。历史上，54 位状元、约 4000 位进士组成了苏州文人群体的金字塔尖，为苏州镀上了一层浓郁的文人士大夫底色。

但让今日苏州文庙脱颖而出的不是曾经兴盛的科考传统，而是珍藏其中的四块宋代碑刻。其中最著名的《平江图》是中国地图史上的重要作品，也是每一个研究城市规划的学者无法绕开的“里程碑”。

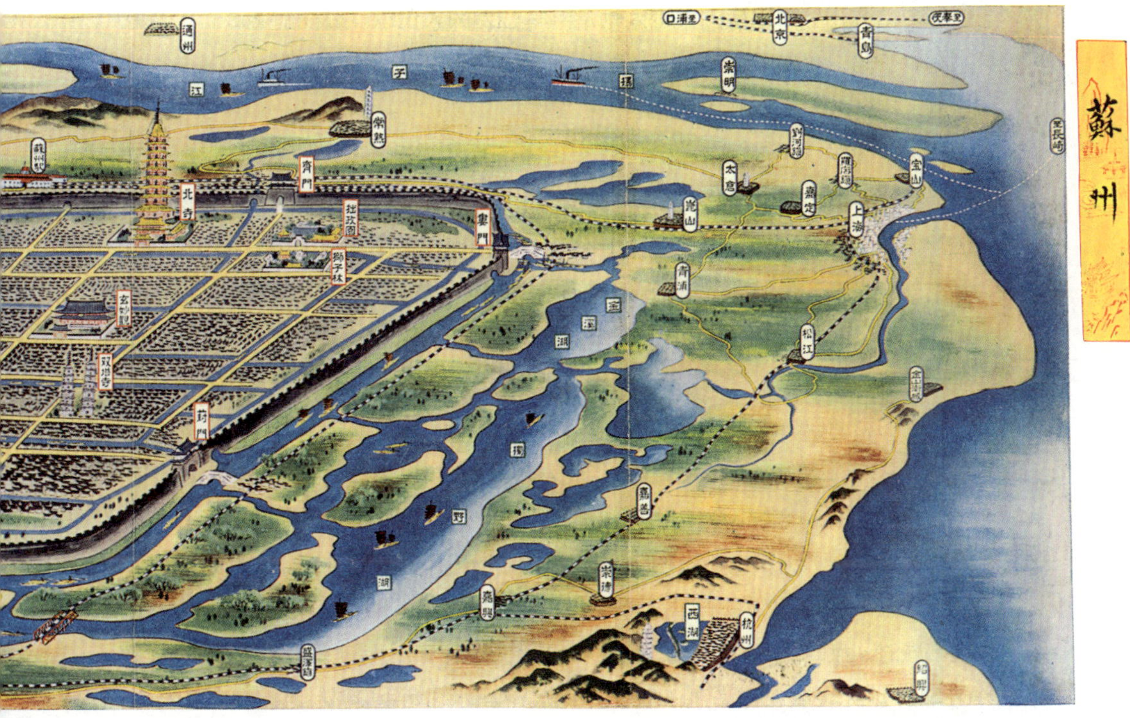

平江是苏州的旧名。南宋绍定二年（1229 年），时任平江知府李寿朋将当时流传的《平江图》刻于石碑上，这块高 2.79 米、宽 1.38 米的石碑忠实地记录下苏州古城在南宋时期的风貌，其最为显著的特点，即是水道与街巷并行，形成了“水陆双棋盘”的基本格局。

“水”是创造苏州与理解苏州的关键题眼。

地处太湖之畔的苏州，从伍子胥筑城起，即把理水作为城市发展的头号命题。郦道元在《水经注》记载吴地“东南地卑，万流所凑，涛湖泛决，触地成川”。“水”并非意味着我们今日所见的膏腴沃土，在完成大规模的水利建设之前，苏州是一片“险阻润湿，又有江海之害”的荒蛮之地。

“平江”之谓，“水势至此渐平，故曰平江”。苏州是太湖流域水流平缓密集之处，吴人经上千年的苦心营造将苏州从阖闾的大城发展成为耸峙华夏东南的雄州，其关键的奥义即在于长期的治水实践。

早在伍子胥筑城之初，苏州的城市规划就深受周王朝营国制度的影响，以井田制方格网来规划城市内部的道路系统。在水系纵横的太湖平原，吴人创造性地发挥了此地河网密集的优势，以天然水系来规划道路走向，水网与路网平行交错，形成了最原始的“水陆双棋盘”。这一格局经由此后一千余年的营建和改造，至《平江图》刻成的南宋年间终于成形。

营造苏州城市水网的关键人物是另一位楚国人黄歇。公元前 248 年，黄歇被分封于此。在苏州本土的传说中，人们普遍相信他参与修筑了苏州城墙与城内水网。直到今天，苏州百姓们仍将这位战国时期的“四君子”之一供奉在城隍庙内，把他视作守护苏州的地方神祇。

春秋时期的苏州城市水系此后被历代继承，至南宋时，《平江图》中所载明的河道长达 82.2 千米，桥梁多达 314 座，苏州建成了中国最密集的城市河网。水路与陆路高下有别、快慢分离，成为一套颇为行之有效的交通系统。而在更深刻的人文层面，经由对自然环境的漫长改造以及安史之乱、建炎南渡等重大历史事件，江南逐渐成为中国的经济中心，苏州无疑是其中最闪耀的明珠——时而洪水泛滥的河道已被改造为极富地方特色的城市景观，“上有天堂，下有苏杭”民谚风行两宋时期的中国，苏州成为理想人居的范本。

《平江图》的珍贵意义不只在于揭示苏州的历史面貌。更重要的是，直到今天，它仍能够帮助我们理解苏州古城的基本格局，“水陆双棋盘”的特征仍然清晰。

地处古城西南的盘门正是苏州这一惊人“稳定性”的实证。早在吴王阖闾营建都城时，盘门就是最古老的 8 座陆上城门之一。在南宋的《平江图》上，“盘门”清晰地标注在今日盘门的所在位置——这座水陆两用的城门与苏州古城同龄，

平江圖

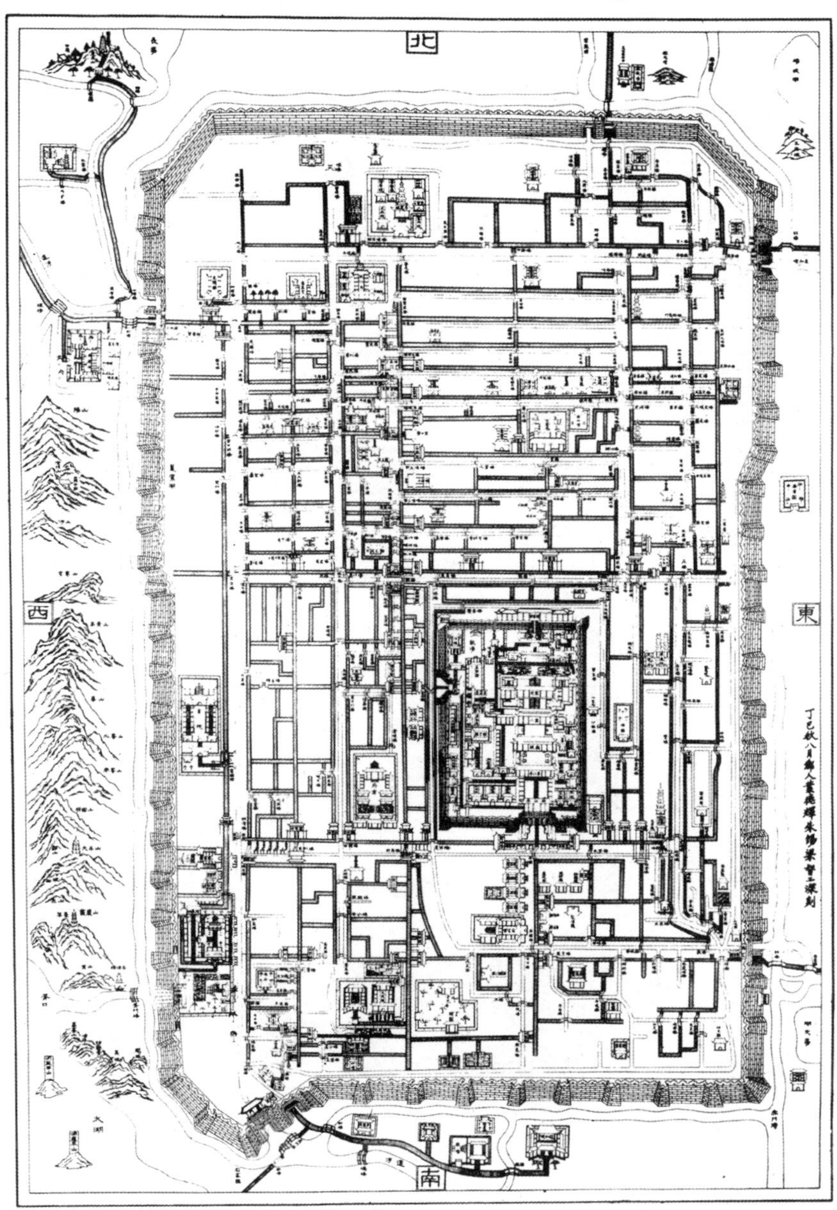

1229 年刻于石碑上的《平江图》拓印照片，它忠实记录了南宋平江府府城的基本格局，不少城门、塔寺、街巷仍能在今天的苏州城中找到对应，是中国现存最早的城市平面图。供图 / 徐刚毅

“水陆并行，河街相临”是苏州城市格局最显著的特征。唐宋时期，这一双棋盘格局就已基本定型，并延续至今。
摄影 / 张朝阳

盘门位于苏州城西南隅，临京杭大运河，是苏州最古老的八大城门之一，也是苏州唯一保存完整的古水陆城门。两门交错并列，分别有内外两重。摄影 / 虞绛

1984 年日本摄影师斋藤康一在盘门城墙上拍摄的照片。站在城墙上，大运河、吴门桥、水城门通道尽收眼底。摄影 / 斋藤康一

2500 余年未曾更名，可见苏州以城墙与水系为基础构建起一个多么稳定的城市框架。春秋时期伍子胥、黄歇们的前瞻眼光直到今天仍不过时，苏州城的选址和规划仍体现着极大的优越性。

在《平江图》绘制而成的年代，距离盘门不远处的瑞光塔已经屹立了两百多年。向东而去，规模庞大的苏州文庙六倍于今日规模，《平江图》就保存在这里。文庙以东不远处标记了当时抗金名将韩世忠的私宅，这处名为“韩园”的园林就建立在北宋的沧浪亭址上，并在此后的岁月里，重新恢复了昔日名称，迎来了文徵明和归有光。报恩寺塔、罗汉院双塔也已经勾勒出宋代苏州的天际线，这些《平江图》上巨细靡遗表现出的地理要素，传承至今，宋风未改。

城墙、塔寺、文庙、园林，这些都是苏州成名已久的建筑。保存如此之多的宋代遗存固然不易，但《平江图》与现实世界更惊人的一处对应尚不在这些名胜。

我曾经穿行在狭窄的甲辰巷里去寻找一座不起眼的砖塔，这座仅仅高约 7 米的小型砖塔远无法与虎丘塔、瑞光塔这样的辉煌建筑相提并论，但也被《平江图》细心地收录其中。

这座砖塔曾被私宅围入自家的庭院，如今改以一道铁栏与街巷相隔。苏州人往来穿梭其下，从不以此为意。当地的文保部门曾经将其断代为宋，而最近的研究表明，这座砖塔很可能是晚唐或五代的遗物。因此，甲辰巷里也许就保留着苏州城内最古老的地面建筑物，与那些高大华丽的名胜古迹相比，这样一座似乎随时可以推倒的小小砖塔，在人稠地狭的苏州城内也能奇迹般屹立至今，也许更能说明这座城市对待历史的态度。

地上有天宫，重建与更新

尽管《平江图》揭示着苏州无与伦比的稳定性，但成就这座城市“伟大”属性的，也包括那些在时代中发生剧变的部分。

《平江图》本身就诞生于几大变革汇流的历史时期。苏州古城身处于几股强大的历史潮流之中，正经历着城市史中的关键时刻。重新了解《平江图》诞生的时空背景，很有助于我们了解苏州城市形态的演化与变迁。

在《平江图》诞生前的一个世纪，苏州刚刚经历了一场惨痛的兵燹。宋高宗为了躲避女真人的追击而仓皇南渡，金军大举南下，于建炎四年（1130 年）劫掠临安。金兵北归时战利品沉重，只能沿水路途经平江。大举军队从盘门进入城内，烧杀抢掠，“烟焰见百余里，火五日乃灭”，苏州遭受到历史上最沉重的一次挫折。乡人徐大焯在《烬余录》中记载：“吴中坊市悉夷为平地。”经此一役，

苏州西北沿阊门至虎丘一线，途经山塘街、留园、西园、寒山寺，自古是文人墨客钟爱的览胜路线。图为西园戒幢律寺，简称西园寺，蜡梅雪中傲立，自成一景。
摄影/丁嘉一

直到今天，苏州仍然意味着中国式的诗意栖居地。她不是宫墙高耸式的野心抱负，亦不是田园牧歌式的隐遁逃离——苏州是文人气息与商贸传统的奇妙混合体。她的哲学，是允许你享用世俗生活最美好的便利，同时亦能拥有精神世界的充盈。

位于苏州城主大街上的报恩寺塔，也称北寺塔，八角九层，砖身木檐，在古城区一众低矮的现代房屋中，极为引人注目。《平江图》中北寺塔就已刻出，是当时城内重要一景。摄影/陶源苏州满目萧条，人口损失过半，一代名城成为焦土。

然而，在兵戎灾祸之后的一百年间，苏州展现出强大坚韧的生命力艰难完成了重建，渐渐恢复了战乱前的元气。恢复后的苏州之盛，甚至超过了唐代，并为此后明清两代重新成为江南地区的中心城市奠定了基础。两宋之际苏州的重建，正好顺应大时局下政治、经济中心南移的历史背景，苏州从一座地位普通的经济城市转变为行在临安的屏障，北方人大量迁入补足了战争损失的人口，城市的社会结构也由此发生了重要改变。

除去战争这样的外力作用，城市内部的变革也在悄然发生。宋代的苏州正面临着中国城市史上的重要节点：兴盛于唐代的坊市制正在面临解体，以汴梁、临安为主要代表的中国各大城市，都在推倒高大的坊墙，走向开放的街市。《平江图》中记载了城内 65 座横跨大街的“坊表”之名，但坊墙、坊门皆已消失不见，正是这一历史转变时期的见证——地名仍保持着强大的惯性，但城市风貌已经进入了全新的阶段。

位于古城中南部的子城，曾被南宋皇室规划作为皇宫所在，尽管赵宋最终选择迁都临安，按极高规格营建的苏州子城仍见证了苏州历史上最为壮丽宏伟的建筑群的诞生，并顺理成章地承担了本地政治中心的角色。宋元之际，子城再度毁于兵火，昔日皇宫的“野心”却成为一种后世现实政治中的诅咒。在明初苏州知府想要恢复子城作为城市行政中心的过程中，理所当然被误认为有“反叛”的倾向。这处延续已近两千年的古城中心因此不得已被荒废。原先与之相连的乐桥曾是城市的商业中心，但这一中心也将遵循另一个逻辑而发生跃迁。

明代以来，大运河的重新疏浚将苏州城市的商贸重心，由古城中央吸引到古城西面临近运河的阊门一带。坊市制在宋代的解体为阊门一带的城市发展打好了制度基础，坊墙、城墙都不再成为限制商业发展的因素。

苏州在中国城市体系中的地位也迎来一次深刻的改变：宋代政权偏安东南，包括苏州在内的众多江南城市尽管获得了大发展，却仍只能作为依附临安的卫星城存在；元代漕运皆走海路，苏州在运河沿线的地理优势无法体现——直到明朝永乐皇帝迁都北京，京杭大运河全线疏浚，再度成为漕运的国家命脉，深嵌于江南腹地的苏州才终于重新成为江南的中心城市。

京杭大运河由城西北上，苏州的西部因此获得更强的活力。位于城西、正对运河的阊门曾经因为地处城市的边缘而无法发展，但在明清两代，“正对运河”却成为重要的发展契机。北宋王安石游历姑苏，阊门一带尚是“四顾茫无人”的郊野之地，但到了文徵明的笔下时，已经是“带城灯火千家市，极目帆樯万里船”，商贸集市昼夜不分。至清初曹雪芹描写时，已经一跃成为“最是红尘中一二等富

自白居易疏浚山塘河，连接阊门与虎丘的山塘街就成了苏州商业、文化最兴盛的街区之一。如今，山塘街换了一种繁荣，成为人们游苏州的必到之处。摄影 / 阙明芬

贵风流之地”。从文学作品投影到现实世界，在阊门之外，沿水道往虎丘、枫桥及胥门的三个方向皆形成了重要的街市，阊门成为一个放射状的城市中心。

由子城的位置可知，苏州历来偏重东南，但由于明清时期阊门一带的发展，已将整个城市中心转向了西北。子城的没落与阊门的崛起，正好成为一个符合历史潮流的隐喻：政治褪色，经济崛起——史学家傅衣凌在讨论明清城市时，便将苏州与杭州并称为“苏杭型城市”，而与昔日旧都“开封型城市”作对比：在开封，“工商业是贵族地主的附庸”，“充满着腐朽、没落、荒淫、无耻的一面”；而在苏杭，“工商业是面向全国的”，充满了“清新、活泼、开朗的气息”。

回望宋代，“上有天堂，下有苏杭”的民谚逐渐风行，将苏州与天堂相提并论的人们很难想象，这座城市真正的鼎盛时期要到明清两代才会到来。在《人间天堂：苏州的崛起（1127—1550）》一文中，迈克尔·马默（Michael Marmé）引用了这句在中国家喻户晓的谚语，“这句谚语标志着苏州城市发展的一个新阶段，而不是发展的顶点”。

阊门是苏州最古老的八大城门之一。明清时期，阊门是整个苏州城最繁华的地带，它见证着城市的迎来送往与兴衰起落，一度成为苏州的象征。摄影 / 殷启民

30

吸引世人沉醉苏州的，不仅是精神世界的充盈，还有世俗世界里平凡动人的琐事庸常。红尘中的风流富贵最后都化作平淡生活，流动在苏州人的举手投足中。
摄影 / 韩青芝

苏州从来是文人气息与商贸传统结合的混合体。市肆何其喧嚣，一转身进入一室之内，木石林泉、花鸟鱼虫，局促中也能构建一片精神天地。摄影 / 孙以棵

清代苏州的街堂巷弄里遍布上万口水井，人们在水井边舀水、洗菜、涮衣，家长里短在这里哗啦作响，世俗又鲜活，淘洗了无数苏州人的日常生活。摄影 / 孙以棵

明代阊门外的桃花坞里，就住着性格不羁、才情横溢的唐伯虎："世间乐土是吴中，中有阊门更擅雄。翠袖三千楼上下，黄金百万水西东。"

"天堂"不是一种过誉，只是人们的想象力抵达了尽头。

中国人的"记忆之宫"

直到今天，苏州仍然意味着中国式的诗意栖居地。她不是宫墙高耸式的野心抱负，修建南宋宫室的子城早已湮灭；亦不是田园牧歌式的隐遁逃离，郊游迎送的阊门也已经陷入红尘——苏州是文人气息与商贸传统的奇妙混合体。她的哲学，是允许你享用世俗生活最美好的便利，同时亦能拥有精神世界的充盈。

苏州古城的幸运保全，为全体中国人坚守了一座"记忆之宫"。在观前街、阊门外，苏州的市肆如此喧嚣，足以名列"天下四聚"；但仅仅一街之隔的耦园、艺圃内，文人士大夫们只要短暂离开纷扰的街市，转身就能进入木石林泉构建的天堂。范仲淹、顾炎武们树立起东方世界最高洁宏阔的理想，后人当然可以进取功名，沉浮宦海。但如若不能或不愿，唐伯虎、金圣叹们也可退入书斋，亦有琴棋书画，足以抱守终身。

苏州创造繁华，也享用繁华，是极入世的，也是极出世的，她可以稳定地保持春秋的城址，也可以在其上改造出一个天堂水城。如此多二元对立的属性，正是苏州极为丰富的市井生活创造出的包容气质。

1877 年，苏州人杨引传在一个不起眼的冷书摊上发现了同为苏州人的沈复所写作的《浮生六记》，可惜最后两记已经佚失。这本笔记记述了他与妻子陈芸虽然贫苦艰辛却仍不失美好浪漫的生活，后来受到俞平伯、林语堂等大家的喜爱与推崇，读者们阅而醉心其中，更以补足《红楼梦》的热情来寻找甚至伪造本书散佚的章节。

沈复、陈芸是谁？杨引传当年"遍访城中无知者"，苏州偶尔也会失忆。但如果我们忘掉苏州在中国文化史上所有的重要意象，只是回归到 19 世纪初期这对平民夫妇的日常生活中，苏州仍然引人向往。

在写满了光辉、荣耀、浮华的苏州城，最细微的动人之处是在寻常百姓的家中。陈芸病逝前，回忆此生"若布衣暖，菜饭饱，一室雍雍，优游泉石，如沧浪亭、萧爽楼之处境，真成烟火神仙矣"——归回到平淡生活中，焚香、叠石、画屏、游园，在朴素局促中也能找到典雅美好的生活理想。

我们歆慕陈芸，歆慕苏州，是因为"布衣菜饭"本是人生无奈，却在这里"触手成趣"，成了红尘中第一等的美好生活。

苏杭，两个天堂的实践与想象

文 楼学

“上有天堂，下有苏杭”的谚语，
自唐宋流传开来，至今都未褪色。
可以说，
苏州与杭州共同建构了人们对于美好江南的城市想象。
但实际上，
无论是成就二者名声的历史时期，
还是现代化高速发展的当下，
苏杭都有截然不同的城市个性与气质。
“园林”与“西湖”——两座城市的对外标签，
也恰是解开二者差异的最好切入口。

苏州园林的气质，一定程度构成了人们对苏州城市气质的认知。精致营造的林泉，出典考究的园楼命名，每一处都演绎着属于苏州的风雅趣味。图为可园“四时风雅”月洞门。摄影 / 殷启民在中国人关于城市的民谚中，“上有天堂，下有苏杭”也许是最知名的一句。作为江南地区的两大中心城市，苏州与杭州之间的对比及变迁一直是城市史学者们津津乐道的话题。

在经历了漫长的自然改造和经济人文发展之后，正是经由这句脍炙人口的民谚，苏杭二州共同奠立了其在中国城市体系中的独特地位，作为中国传统文人士大夫心目中理想的栖居家园，“天堂”的色彩赋予两座城市更深刻的人文精神内涵。在传统以政治为第一要素的中国城市体系中，苏杭以经济与人文的强大影响力突围，并将江南推向整个东方世界都为之向往的目光之中。

也许在中国乃至东亚广阔的其他区域的人们心目中，苏杭二州拥有极为相近的江南底色——它们的城市个性是如此趋于相同的完美想象。但在江南的尺度内，二者的特性却是迥然相异的。

苏杭与杭苏，天堂是否有先后

“上有天堂”之类的民谚，至迟在唐代时就已经出现。睿宗时期的弘文馆学士员半千的庄园“极风景之胜”，时人便已有“上有天堂，下有员庄”的里谚。这样的传统也许孕育了后世将苏杭与天堂比拟时的谚语躯壳。

但有一个细微的差别必须注意：尽管今人多以苏杭并称，但在历史上，两地的发展进程存在有显著的差异。苏州在春秋时就已成为吴国的都城，而在那一时期，与苏州旗鼓相当的南方城市是绍兴。吴王夫差与越王勾践的故事流传千古，苏州与绍兴也因此带上截然不同的政治宣教色彩。绍兴名垂青史，成为“卧薪尝胆”之城；而苏州成为“亡国亡君”之地，在传统的政治语境中饱受非议，以至于余秋雨回顾苏州在中国文化史中的地位，也要为其叹息一声不公，“历来很有一些人，在这里吃饱了，玩足了，风雅够了，回去就写鄙薄苏州的文字”。

比起“早熟”的苏州，杭州的成名则要晚得多了，这与西湖地区的成陆进程有关。在苏州和绍兴为了春秋霸主的地位打得不可开交之时，杭州仍是一个浅浅的海湾，今日的西湖尚与大海相连。直到隋朝以后，海潮与河流携带的泥沙不断在海湾堆积，最终促成了这一地区的成陆，西湖也终于与大海隔断，形成了一个潟湖。可见隋唐以前，今日的杭州根本不存在繁荣的基础，但此后却进入了一个迅速发展的过程，成为一座可与苏州并称的东南名郡。

如果重新审视具有关键意义的唐代，有一位大文人对苏杭二州有过直观的描写和对比。公元 822 年，在朝中失意的白居易请求到外地任职，担任杭州刺史，成为最早发现西湖之美的大文人。仅仅三年之后，白居易再任苏州刺史，正是在此任上开辟了七里山塘街。

苏杭两地的重要名胜不少与白居易相关，这位本应为政治失意而感到落魄的文人却在随后人生中都颇为“苏杭两州主”的际遇而感到自豪。他对苏杭二州的治理是卓有成效的，更为关键的是，作为有唐一朝的顶级文人，白居易的治理手段、审美趣味，通过其典型的文人士大夫角色对后世产生了深远影响。苏杭的名声，也经由这位文豪的介绍而逐渐为人熟知。

唐代的苏州，在白居易笔下是“人稠过扬府，坊闹半长安”的所在。唐代的扬州有“扬一益二”之谓，长安更是这个东方帝国的庞大都城，白居易将苏州与扬州、长安并称，足可见其对苏州的喜爱。而当时的杭州，不能与苏州的繁盛相比，“霅川（今湖州）殊冷僻，茂苑（今苏州）太繁雄。惟有钱塘郡（今杭州），闲忙正适中”——这也是白居易的诗句，若论城市繁盛，杭不如苏，当为事实。但这位来自北方的文人，似乎在情感上更倾向于“闲忙正适中”的杭州。

白居易偏爱杭州，更明确的证据不得不提那两首《忆江南》。“最忆是杭州”与“其次忆吴宫”直白地表明了文人心迹，他的个人偏好似乎也隐约指向了两座城市的未来趋势——这当然也与后来的历史走向密不可分——五代割据时期的吴越钱氏，一心向佛，规避战乱，是一个能写下“陌上花开，可缓缓归矣”这般诗意“便签”的特殊王室。钱氏治下的吴越国，不仅将杭州真正推向了江南一线城市的地位，更避免了南唐式的悲剧，纳土归宋，以一个地方政权的悲剧命运作为句点，却为杭州在宋元时期的大发展写下了开篇。

杭州后来居上的势头如此明显：从隋大业六年（610 年）成为江南运河的终点，到安史之乱以后人口激增，再经由吴越钱氏的经营，至北宋时，宋仁宗称赞杭州“地有湖山美，东南第一州”，柳永则在《望海潮》一词中写下“东南形胜，三吴都会，钱塘自古繁华”的名句，可见当时杭州的繁华已给世人带来多么根深蒂固的误解。至少仅仅往前数上三四百年，杭州还只是名不见经传的东南小城，“自古繁华”真是无从谈起。

到了南宋，苏州人范成大在《吴郡志》中收录“谚曰：天上天堂，地下苏杭”时，“苏杭”的并称已经深入人心。尽管范成大仍然追忆“唐时苏之繁雄，固为浙右第一矣”，但苏州作为江南中心的地位在此时已然褪色了。当年不起眼的杭州，转而成为临安，做了百余年的南宋都城。

因此，从出现的时序来看，天堂的确是有先后的。但至于民谚中的“苏杭”，或许为了押韵，或许出于范成大的私心，也许并不那么重要。而在这句民谚出现并逐渐成形的漫长时期中，苏杭二州的地位、实力并非一成不变。

放在更长远的时空背景中，“下有苏杭”的民谚也激起了层层涟漪。不仅出

苏州园林大多是私家园林，高墙壁立，景致深藏于内。今天游走其中，仍能处处感受过去文人士大夫们的高雅与诗情。

摄影 / 殷启民

苏州市井之内封闭的私家园林与杭州城墙外开放的山水园林，存在着巨大的环境与空间差异，亦拥有截然不同的两种园林精神。但有趣的是，它们殊途同归，在两个不同的维度上，成为儒家社会环境中指导文人审美的两条索引，成为东亚最具有代表性的美学模型和艺术灵感的源泉。

杭州园林大多远离都市，在湖岸营建，水系亦与西湖相通，气质上更显开放。图为杭州集贤亭，依托于开阔的西湖，为清代西湖十八景之一。摄影/曾令洪现了大量诸如“生在苏杭”“杭州以湖山胜，苏州以市肆胜”等苏杭并称类型的民谚，遍布中国各地的城市村庄也把苏杭作为攀附的对象。苏州与杭州，作为中国人理想家园的形象，在两座城市的彼此竞争、彼此成就中更加深入人心了。

内向与外向，园林的两种精神

今人了解苏杭两地的标签，无非是“园林”与“西湖”，但也许很多人没有意识到，西湖也是园林之一种。原本作为潟湖的西湖在历史上有过多次沼泽化的进程，按照自然规律早就湮灭无存了，但正是李泌、白居易等人开创的疏浚传统，延续了这一湖泊的有限生命。苏州园林与杭州西湖都在随后的千年历史中成为诸多东亚园林的经典范本。

有着“甲天下”之谓的苏州园林，多修建于繁华的市井之中，却有着鲜明的文人个性。这些从属于文人士大夫们的城市园林，是为了在城市的喧嚣中重建一片自然的林泉，因此在设计和意趣上，其核心理念是要以自然山水为原型，并在景观的命名中寄寓主人的志趣和品格。

极为典型的是苏州园林中的集大成者——拙政园。“拙政”二字，取自西晋潘岳《闲居赋》中的“灌园鬻蔬，供朝夕之膳……此亦拙者之为政也”，其中委婉表达的就是追求闲适、无心官场的人生愿景。园内著名的“与谁同坐轩”，也是引用了苏轼“与谁同坐”的词句，“明月，清风，我”——这是古典文人们心照不宣的共同答案。遑论庸俗的官场、嘈杂的市肆，就是人间的山水，似乎也是没有资格与清风明月同坐的。

将个人志趣以极为含蓄隐晦，却又在文人群体中能够获得共通共鸣的方式予以表达，是苏州园林艺术中的重要特点。这种充满雅致、诗情与小小高傲的“曲笔”，无疑是内向收敛于文人群体之中的。哪怕在当时的历史背景中，也只是局限于一小撮精英群体的高雅趣味。无怪乎园林大家陈从周评价苏州园林为“文人园”，它的精致营造，它的命名出典，都极富有书卷气息。

相比之下，杭州的园林意趣则大相径庭。历史上，杭州的园林传统也曾盛极一时，南宋时“一色楼台三十里，不知何处觅孤山”，便足可见杭州造园之盛。建筑学家汉宝德认为，南宋时期的园林是江南园林的直接源头，陈从周则在《说园》中指出，南宋叠山匠人的出现，是造园职业化的开端——作为南宋都城的杭州，当然理应在中国的园林史中占有一席之地。

童寯在《江南园林志》中提到：“南宋以来，园林之盛，首推四州，即湖、杭、苏、扬也。”不仅如此，更添一笔“而以湖州、杭州为尤”，可见杭州的园

苏州园林多与家宅合二为一。在喧嚣当中独守一片个人空间，与人间山水为伴，是苏州人延续至今的意趣所在。摄影/陶源

林之风甚至盖过今日以园林见长的苏、扬二州。然而历经元朝至太平天国的多次战乱，无论当时的皇家园林还是私家园林，杭州并没能像苏州那样保存下丰富的标本，以至于逐渐被人遗忘了悠久光辉的园林传统，到了民国年间，已是“未能免俗，而无一巨制”，“远逊于苏矣”。

“园林”在杭州一地的语义因此发生了漂移，从皇家、私家园林向如今普遍认知的公共园林过渡。与缺乏自然山水、以水乡平原为主的苏州相比，杭州拥有非常丰富的湖山资源，现存的郭庄、刘庄在远离城市的湖岸上营建，皆从开放的西湖借景，其水系亦与西湖相通，“私园”与“公园”的界限并不截然，这与深处市井的苏式园林大异其趣。

另一脉络有更鲜明的“开放性”。杭州对东亚园林传统更直观的一大贡献转而体现在西湖的空间格局上。这片开放的湖山也是一片充满包容精神和创造力的山水园林，相较苏式园林，西湖的影响更多地进入了公共场域：南宋时期成形的“西湖十景”，最终引领了中国各地的“十景”热潮，成为题名景观的经典代表；

杭州是中国较早推行城市近代化建设的都市。今日杭州历史街区几近消失，取而代之的是高楼大厦林立的现代都市景观。供图 / 视觉中国

而一湖两堤三岛的格局，则成为东亚地区众多大型园林的建设蓝本，圆明园、颐和园、承德避暑山庄中皆有鲜明的西湖印记，乃至远涉东洋，深刻影响了日本的造园艺术。

苏州市井之内封闭的私家园林与杭州城墙外开放的山水园林，存在着巨大的环境与空间差异，亦拥有截然不同的两种园林精神。但有趣的是，它们殊途同归，在两个不同的维度上，成为儒家社会环境中指导文人审美的两条索引，成为东亚最具有代表性的美学模型和艺术灵感的源泉。

古城与新城，“天堂”的再定义

“园林”与“西湖”，是今人理解苏杭的两大关键词。两座古城给人以不同的城市观感，很大程度上也缘于园林和西湖在空间属性上的差异。苏杭不约而同将园林与西湖当作各自最重要的文化遗产，并围绕于此来安排城市发展的走

向——这种差异被近现代的城市规划放大，引领两座城市走向了不同的道路。

苏州无疑是中国古城保护最成功的范例之一。太平天国时期的苏州遭到了前所未有的破坏，大部分私家园林被荒废。然而太平天国无意中见证了江南乃至中国城市体系中一次里程碑式的更替，率先完成近代化的上海取代了传统工商业城市苏州，成为中国近现代史上最重要的明星城市。“近水楼台先得月”的苏州更方便地接收了上海资本，那些根植于苏州的地方望族也更有实力和动机去恢复苏州的园林——这是清代同治年间以后苏州园林复兴的重要背景：太平天国摧毁了原生的园林语境，但新的语境在上海的崛起过程中迅速完成了重建。

遍布古城内的苏州园林化身为散落城市街巷的“守护神”，清人沈朝初在感叹“苏州好”时，便称赞“城里半园亭”。明清鼎盛时期，约有 270 处园林密布古城内外，构成了苏州古城的精华部分，现代古城保护亦由此展开。20 世纪 90 年代以后，规划的两大新区都跳出了传统的古城范围：1990 年在城西筹划新区，1994 年在城东设立新加坡工业园区。“东园西区，一体两翼”的格局成功地保留了苏州古城自宋代以来水陆并行的“双棋盘”格局，将城市的现代化建设引导到了古城的两侧。

而在长三角的南翼，杭州的古城保护之路更为多舛。在城市近代化过程中，杭州扮演了“早熟”的先行者角色。既然所有的目光都集中在西湖，民国以来的杭州主政官员，也更多地在乎西湖的保护与开发，保存古城似乎是弊大于利的。

民国年间，浙江得风气之先，成为中国较早推行城市近代化的地区之一。辛亥首义之后成立了浙江军政府，随后便进入长达 16 年（1911—1927）的“黄金时期”。杭州不遗余力地推行城市建设，西方的规划思想也在这一时期传入，修建直街、营造公园，杭州继承了西湖的开放属性。尤其是昔日的旗营被改造为新市场，成为杭州城建史上的重要事件，并引发出一系列连锁反应——早在 1912 年，西湖沿岸的古城墙就被拆除，历来为公众熟知的西湖终于“入城”，成为这一时期城、湖空间的重要变革。一座封建时代的传统工商业城市进入了急剧的近代化过程——杭州古城的逐渐消失，在当时的历史背景中，确实具有进步意义。

2012 年，苏州获批首个“国家历史文化名城保护区”，是对苏州古城保护的极大肯定。反观杭州，在近现代的城市化潮流中，昔日的历史街区几乎消失殆尽，曾经的小桥流水景观也被平路直街所取代。杭州古城的消失极为令人遗憾——但我们也不能忘却，在历史发生的现场，这曾是人所艳羡的文明之光。

苏州与杭州的不同走向，不全出于历史的偶然，在很大程度上根植于两地本身的地理环境和核心景观的不同属性。“园林”与“西湖”仍是人们念及苏杭的第一反应，也是中国人提及人间天堂时想到的模样。

苏州古城区保留了自宋代以来的格局，一眼望去，房屋低矮扁平。而古城外围，以东方之门为代表的现代化建筑拔地而起。“东园西区，一体两翼”的格局格外清晰。
摄影 / 陶源

苏州与上海，时代的交接

文 郑子宁

清末太平天国内战爆发、上海开埠，

是中国近代史上极具象征性的大事件，

其直接后果是上海的崛起，

并逐渐取代苏州成为新的区域中心。

在这一历史转向中，

苏州根基深厚的资本、技术、人口等大规模向上海转移，

为早期上海的城市发展提供了基础支持。

而与此同时，

以苏州为代表的江南文化，

也成为上海这座国际都市多元文化中不可忽视的底色。

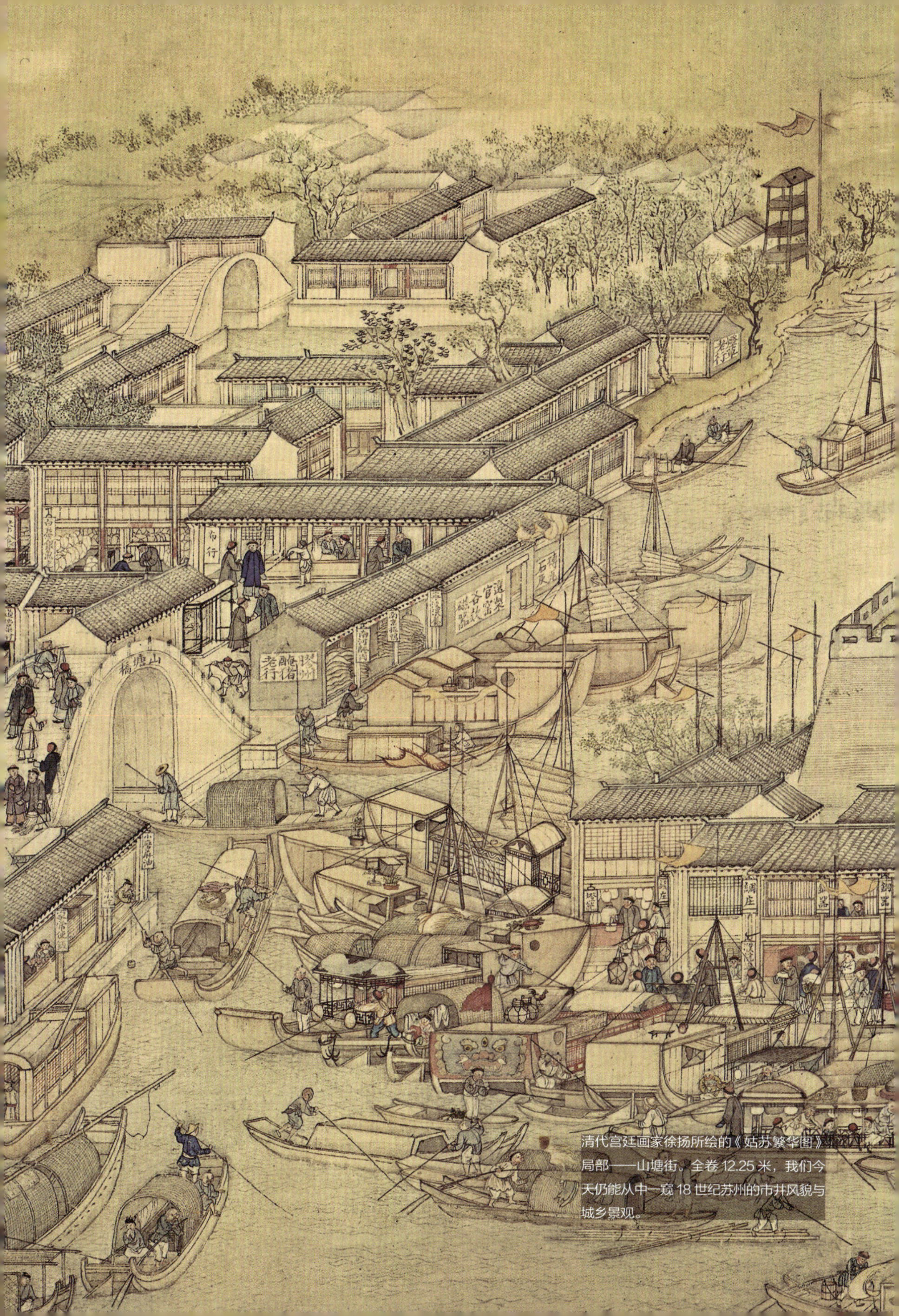

清代宫廷画家徐扬所绘的《姑苏繁华图》局部——山塘街。全卷 12.25 米，我们今天仍能从中一窥 18 世纪苏州的市井风貌与城乡景观。

清咸丰十年（1860 年）五月，苏州阊门外燃起熊熊大火，绵延七里的山塘街在一片火海中化为废墟。这是时任江苏巡抚徐有壬和总兵马德昭，在太平军兵临城下时的无奈之举——太平天国忠王李秀成的大军直逼苏州城下，为了巩固城防，两人连下三道命令：“首令民装裹，次令迁徙，三令纵火。”繁华千年的苏州精华之地就此付之一炬。当时的人们大概不会意识到，这把火烧尽了一个时代，也烧出了一个时代的开始。

苏州与“小苏州”

今天人们提起苏州，想到的往往是小桥流水人家的江南景致以及遍布古城的美丽园林。而明清时代，苏州最大的吸引力并不在风光。

清人刘大观曾将苏州、杭州、扬州三座名城的迷人之处作了比较，结论是“杭州以湖山胜，苏州以市肆胜，扬州以园亭胜，三者鼎峙，不可轩轾”。可见其时，苏州的市肆最受世人瞩目。经过唐宋时期的快速发展，至明清，江南地区已成全国财富聚集地。而在整个江南城镇体系中，苏州作为全国货物集散、转运和信息交流中心，地位远甚于其他任何一座城市。不只如此，这座城市的富庶和对潮流的引领，在全国也首屈一指。1845 年到苏州游历的法国调查团就评价苏州为“高级趣味的工艺和风靡全国的风尚的策源地”。

与此同时，距离苏州 80 千米的吴淞江南岸，一座属于松江府的县城正在崛起。

1843 年 11 月 17 日，根据中英《南京条约》和《五口通商章程》规定，上海在英人的坚船利炮下被迫开埠。当下一种流行的说法是，开埠前的上海是一座“小渔村”。然而，这种说法忽视了一个重要事实。早在元朝，上海就已经设县。而在开埠之前，上海县已经被誉为“江海通津，东南都会”。清雍正以后，苏松太兵备道衙门移驻上海，这是一个比府衙地位更高的行政单位，也即后来著名的“上海道台”。

虽然在当时以京杭大运河为主要贸易通道的时代，由于远离运河沿线，上海的核心功能仍是转运外港——作为转口贸易和埠际贸易的枢纽，将内地和国外集散的货物运输出去。但清朝后期，海上贸易的重要性愈加凸显。加上开埠后，上海扼守长江口和近海的优势逐渐释放出来，不到十年间，上海的对外贸易量已经超过拥有千年通商史的广州。

不过总体而言，至少在 1860 年以前，上海的发展仍是较为温和的。在邻近苏州的璀璨光芒下，上海以“小苏州”之称为荣，仍旧显得不大起眼。

巨变与时势

1860 年的灾变似乎是突然降临的。

太平天国 1853 年攻陷南京后，对江浙地区的战事始终没有太大进展。特别是1856年发生天京事变,太平军自己乱成一团,大有分崩离析之势。然而1860年，在李秀成和陈玉成的得力用兵下，太平军二破江南大营。江苏省会、东南第一大城——苏州并未因坚壁清野的焦土政策得到保全，在《红楼梦》中被盛誉为“最是红尘中一二等富贵风流之地”付之于一片火海，下令纵火烧城的江苏巡抚徐有壬在巷战中被杀，苏州城被攻占。

旷日持久的兵燹之祸带来的打击是毁灭性的，整个江浙地区被太平军和湘军的相互厮杀弄得尸横遍野、赤地千里。据统计，1850 年，整个江苏省人口约为 4430 万；至 1874 年，减至 2000 万不足。昔日人人称羡的富庶之地，已被无尽废墟所取代。

虽然苏州历史上并非没有遭遇过兵灾，但太平天国时期，中国贸易局势正发生历史性转移，内贸的重要性让位于外贸。对苏州恢复更加不利的是，苏州货运的重要航道——京杭大运河在这场战争中也遭到了极大破坏。大运河贯穿中国南北两大中心，里程之长，耗费颇巨，其顺畅运转不仅需要大量人力、财力维护，更需要统一且强势的行政力量支持。太平天国时期，北方也发生了捻军起义。混乱时局下，对运河的日常维护已然不可能，运河北段的航运功能日趋萎缩。

公允地说，相比运河北段的淮阴、临清、聊城、沧州等城市，苏州的命运仍然要好得多。虽然丧失了江南乃至全国商业中心的地位，但是凭借富庶的根基以及紧邻上海的区位优势，苏州远没有像运河北段诸市镇那样从此一蹶不振。

实际上，早在太平天国战乱之前，苏州资本大规模向上海的转移就已经开始。

明清苏州再繁华，产业也始终是千百年不变的农业、手工业和初级金融业。江南富庶的苏州府、松江府，早在明朝就出现资本主义萌芽，然而这种萌芽几百年间也未成熟。直到洋人用坚船利炮叩开了帝国的大门，在富足、优雅、精致的迷梦中沉醉了几百年的江南人才终于开始醒悟。传统的生产模式和融资、管理方式在西式工厂、银行、商行的竞争下不堪一击。江南城市出现了大量华资买办化的趋势，原本的商业体系受到严重破坏，只有少数做洋行生意的才能赚大钱，而开埠后的上海无疑提供了最佳土壤。

精明的苏州商人早已嗅到了租界的发展势头。早期上海的珠宝、钱庄、纺织、典当、药材生意都有苏州商人活跃的身影。苏州绸缎业巨头尤先甲，原本在苏州阊门内西中市大街开有同仁和绸缎庄，上海开埠后，尤家很快就在上海开店，并扩展生意，开始介入人参行业。苏州著名的百年老店——雷允上中药店，开埠后也很快把分店开到了上海。越来越多的人意识到，只有在上海，才能脱离日渐僵死的江南腹地，学到新的技术、模式和观念，摆脱行将就木的旧传统。伴随实业东移，苏州金融业也开始向上海扩展，苏州钱庄纷纷在上海开设分号，来自苏州的资本源源不断地向东输送。

转移与新生

太平天国以后，百业凋敝的苏州已然不适合生存。紧邻苏州的上海，却是另一番光景。

太平军并非不想攻下上海，苏州失陷的当天，上海道台吴煦出面组建由美国人华尔指挥的洋枪队，英法等国的军队为了维护自身利益也参与到保护租界的行动中。太平军三次攻打上海的尝试，都没有成功，上海由此成为江浙两省绅商士庶丛集避祸之地。

苏州人力、资本向上海转移的势头猛烈，乃至出现了抛弃苏州，全盘移沪的趋向。苏州城破的 1860 年，上海租界人口激增至 30 万；仅仅两年后，这个数字就达到了 50 万。随着人力、资本、产业的大量涌入，上海城市规模迅速扩展，跨越了吴淞江（苏州河）两岸，贸易工业也迅速得到发展。内河航运也趋于兴旺，长江中下游流域的货物集散绕开了苏州，直接运往更加安全便捷的上海港转运。

这是一场近乎“平行移植”的转移过程。日本东洋史学者宫崎市定曾指出，“近现代上海的繁荣，无非是以太平天国为契机，苏州的繁荣转移过来的结果……上海并非突然出现的，其历史背景即是苏州的存在”。这个论述或许忽视了上海脱离传统社会模式所迸发的变革性，但苏州为早期上海城市发展提供的基础支持和文化影响却是不争的事实。

文化中心的转移慢于经济中心是一个放之四海而皆准的道理，同一区域新兴移民城市受到原中心城市强大文化影响的例子更是屡见不鲜——在鸦片战争后最终割让给英国的香港，开埠后以广东移民为主的各地移民大批涌入，在语言和文化上就迅速与广东省城广州趋同。

上海和苏州本就同属江浙，文化相近。开埠后的上海，更成为各类移民融合的大熔炉。在所有移民中，来自苏南、浙江的吴语区移民大概占去四分之三。由于苏州长期的中心地位，由吴语区移民占主导的新上海文化不可避免将带上浓厚的苏州烙印。

当时的上海属松江府，其方言和松江相当接近，而清人提到，松江府在语言

太平天国后，流行于苏州的评弹随之转移至上海，并逐渐成为风靡一时的娱乐形式，影响至今。图为 2010 年上海豫园风情街夜市上的评弹演奏者。摄影 / 管开吉

苏州人在茶馆里听评弹的习惯也在上海延续下来。图为创建于清代光绪年间的茶楼——春风得意楼，因开设了评弹书场，生意兴旺，茶客络绎不绝。摄影 / Jovi

发源苏州的吴淞江流至上海，改称“苏州河”，至外白渡桥与黄浦江相汇，而对岸正是上海的金融中心陆家嘴。这像是一处现实隐喻——今日上海，正续写着旧时苏州的世纪篇章。摄影 / 汪荣上“视上海为轻，视苏州为重”。开埠后，从各地蜂拥而来的移民各说各话。在这种语言大熔炉的环境下，本就在江南拥有相当权威，又以评弹、昆曲等戏曲为载体而在江南广为流传的苏州方言，成为上海各地移民语言靠拢的方向。

苏州文人和文化产业的东迁也让上海进一步受到影响。作为江南的一部分，松江府的辖县上海，明清以来文化上一直深受苏州的影响和熏陶，讲求精致、典雅，推崇读书、作画、造园、雅集等文化活动。太平天国后，苏州文人纷纷在上海寻觅新机会，并在早期上海文化产业中占据了相当重要的地位。

以出版古籍见长的扫叶山房印社为例。苏州本是江南地区的出版中心，清初的扫叶山房是苏州著名的古书印社，出版书籍行销四方。太平天国时，扫叶山房损失惨重，正在刻印的《旧唐书》毁于一旦。战后，扫叶山房经营中心转移到上海，并引入石印、铅印技术，在清末民国年间的上海古籍出版行业占据一席之地。

伴随各类文化行业东迁的苏州文人，不但进一步增强了上海追求精致、典雅的文化特色，作为具备极高文化修养的群体，他们也促进了本来高度集中于苏州的高端娱乐行业向上海的转移。

在没有电视电脑互联网的时代，江南人主要以戏曲曲艺作为消遣娱乐方式。苏州向来是评弹和昆曲的中心，评弹更是要用苏州话演才称得上正宗。士绅避难涌入上海后，评弹和昆曲艺人也紧随而入，使得上海成为评弹和昆曲流行的又一中心。甚至，因为租界独有的宽松自由环境，评弹在内容和形式上都有了长足发展，迎来了一段黄金期。

另一个不登大雅之堂却颇能显示苏州影响之大的行业是娼妓业。其时上海最高档的妓女一定是来自苏州附近，说着一口吴侬软语的“长三”。她们色艺双绝，最是受人追捧，乃至出现了外地妓女纷纷学习苏州话，以冀望能提升身价之事。在好事者记录中，有一位“花魁”本来自山东，却学得一口道地的软糯苏腔，“完全听不出是山东人”，身价高企。

在商业上不复往昔荣光的苏州，并未丧失在文化上的深厚影响力，其作为文化输出地的地位依旧难以撼动。著名的留园在太平天国后已经倾颓，然而常州人盛康趁此机会将留园买下，将其修葺一新，作为自己安养晚年的住所。盛康之子是清末的中国首富盛宣怀，盛宣怀经商发迹都在上海，然而苏州留园仍是他最中意的住所，他因此经常往来于苏沪之间。

这也是后来苏州与上海城市关系的先声。在这场历史转向的接力赛中，明清苏州名扬天下的市肆，已经不可逆转地东移到了新的区域中心——上海。然而，即使今日，站在被国际现代体系更替后的上海往回看，以苏州为代表的江南文化依旧是一抹不可忽视的底色。

道

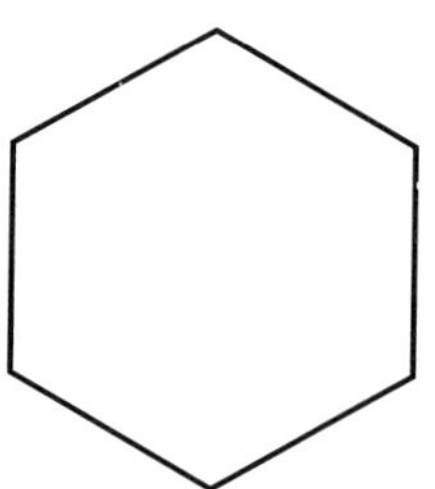

从状元到狂生：苏州文人的精神光谱

昆曲：苏州的盛时弦歌

园林甲天下，何以是苏州

『不朽的林泉』

织机声中的城市——丝绸如何塑造苏州

乾隆的苏州：从江南到宫廷

姑苏城，神怪贪恋的红尘地

苏州话，江南的『旧时雅音』

从状元到狂生：苏州文人的精神光谱

文 前朝树

从园林到昆曲，
从精致器物到风流佳话，
苏州文士给这座城市留下了极为丰富的文化遗产。
高度发展的商业社会以及苏州城广博包容的气度，
使诞生其中的文人文化呈现出复杂丰富的面相。
在这样的氛围中，
苏州成为了“状元之乡”，
诞生了“吴门四才子”，
甚至连文学世界里的林黛玉也被描绘为来自苏州的名门闺秀。

宋仁宗景祐元年（1034 年），范仲淹回到家乡苏州任知州。他在著名的南园选了一块地，打算建一所宅院。有位风水先生知道了，大为恭维，说这块地选得好，将来范家一定多出公卿，世代富贵。范仲淹听后说：“我一家富贵何足道哉，要是苏州的士人都能出人头地，以至永久，那岂不是更好？”于是他就把这块地捐出来，建了苏州府学。果然，从此以后，苏州的读书人考中科举、出来做官的人不计其数，成为中国最著名的文教之区。

这个故事记载在明代王鏊所作的《姑苏志》里。那时的苏州是中国最繁华的商业都市，苏州人则毫无争议地高居科举金字塔的最顶端，王鏊本人即是乡试第一、会试第一、殿试探花的八股大家——据说本来殿试也是第一名，只是某种莫须有的原因而遭抑置第三。到了王鏊晚年，更是进入了“吴门四才子”的时代，科举与官场之外，唐伯虎们正书画风流，逍遥人世间。范仲淹这个不见于正史的故事的背后，正是整个苏州文人群体难以掩饰的自豪感和认同感。

苏州府学的风水故事虽然难辨真假，范仲淹兴学却是事实，《宋史》说“自是苏学为诸郡倡”。苏人奉范仲淹为吴郡文教之祖，而他在文章、功业和品德上的完美无缺更为后世所有苏州读书人师表。从范仲淹出发，苏州的文人气质不仅是风雅诗性的生活格调，也不乏匡时救世的风骨。入朝为大夫，入市为士。市朝之间，红尘之中，“文人气”的苏州最终成为中国文人文化的典范。

武士·文士

在范仲淹的时代，人们或许还记得，苏州人曾经以好勇斗狠而闻名。

隋代的吴郡地方志引《郡国志》说：“吴俗好用剑，轻死。又六朝时多斗将战士。”苏州人“并习战，号为天下精兵”，甚至唐代以前，每年五月五日城中还有“斗力之戏”，大约是一种摔跤比赛。也难怪，战国时代有数的几个著名刺客，吴国就贡献了两位：要离和专诸；项羽的八千江东子弟兵，都来自吴越之地；魏蜀吴三国里面，吴国是最后亡的。吴人的战斗力可见一斑。

范仲淹启吴郡文教之盛，除开他个人的努力，主要还是在时代的进程。他去世 75 年后，赵宋王朝从汴梁迁到临安，北宋变成南宋，这是中国经济文化重心南移的关键时代，人才的出产也在这个时候发生了南北转移。原本提供人才最多的黄河中下游地区沦于少数民族政权，北至淮河，南至江西、福建的东南地区迅速崛起，人文鼎盛的面貌从此奠定，迄今未衰。

在人才重心转移的大势中，苏州的崛起其实经历了很长的历史进程。直到南宋初年，还没有苏州人中过状元，可是整个吴中对于状元的渴望已经到了一触即发的地步。当时流传两句话，一句是“穹窿石移，状元来归”，一句是“潮至夷亭出状元”。淳熙初年，某天夜里风雨大作，早上人们发现，穹窿山半腰立起一块大石；又一天，海水潮汐扑上陆地，竟推进至远离大海的昆山夷亭。于是就在淳熙八年（1181 年），吴县人黄由中了苏州第一个状元，从此一发不可收。

不过，苏州文人的真正霸权，还是要等到明中叶以后才完全奠定。在明代早期，科举考试中名列前茅的所谓“巍科”，往往被江西和福建人所垄断，江苏、浙江人很少，所以如果以整个明朝来统计，贡献会元（会试第一名）、状元（殿试一甲第一名）、榜眼（殿试一甲第二名）、探花（殿试一甲第三名）、传胪（殿试二甲第一名）最多的其实是后来不太有名气的江西吉安府，一共 51 人，苏州府虽然名列第二，但只有 28 人，差距十分明显。不过成化、弘治以后，苏州人在科举战场上的优势迅速拉开，到了清代，全国得到巍科殊荣的 570 人中，苏州一府就有 65 人，占到十分之一还要多，苏州出身的状元更达到创纪录的 28 人，竟占到全部 114 名状元的四分之一，令人瞠目结舌。

苏州人汪琬在翰林院的时候，有一回同僚们各自夸耀本乡的土产，他默无一言，大家催他说："苏州乃是名邦大郡，难道就没有什么土特产吗？"汪琬说，土产倒是有两样，一样是优伶。说完就不说了。众人追问，汪琬才说："不好意思，另一样土产……是状元。"当年范仲淹创建府学的时候，选的基址十分宽阔，有人质疑是不是太大了，范仲淹说："吾恐异日以为小也。"果然被他言中。

明清的科举考试以八股文论高下，过去人们常说，八股文不过是一种文字游戏，考不出真才实学，其实只有聪明人才会玩文字游戏，书呆子往往在八股战场上败下阵来。有学者认为八股文本质上是一种智力测验，毕竟古时没有完备的学校教育，让来自全国各个角落的书生们议论军国大事无异于痴人说梦，倒不如实行标准化的考试，更有可能选拔出可造之材。

苏州为这个说法提供了最坚强的佐证。在这里，人才不仅通过科举脱颖而出，在各个文化领域都有相当建树，这是其他任何地方不能比拟的。

根据社会学家潘光旦先生的研究，清代的学者中间，苏州府大约能占到十分之一，全国第一；明清两代的诗人，钱谦益所编《列朝诗集小传》收明代诗人1700人，其中出身苏州者267人，沈德潜所编《国朝诗别裁集》收清代诗人993人，其中苏州府242人，都占绝对的优势；以画家而论，《画史汇传》和《清代画史》

1498年，沈周、韩襄、徐祯卿、唐寅等应杨循吉邀，在虎丘为文徵明之父文林送行。众人以诗文书画相饯，体现出吴中文人的交游与厚谊。

共收清代画家 5869 人，其中苏州画家 1119 人，明代就更不用说，号称“明四家”的沈周、文徵明、唐寅、仇英全部都是苏州人；就连戏剧方面，苏州人也挟昆曲之重而风靡天下，乾隆年间的《燕兰小谱》所记北京 17 位名伶，苏州人就有 12 位。这些数字足证苏州人并非只会考科举、中状元，苏州文人独步全国的才能是多方面的。

苏州文化崛起的原因，首要的自然是移民，永嘉、靖康几次南渡，给这里补充了大批极具文化素养的人口，但更根本的还在于经济发达。苏州在宋代时已经“多奢少简”，但当时只是鱼米之乡；明代以后，工商业成为苏州经济的主要构成，徽州等地的商人纷纷迁来，这些人大都重视文教，希望子弟能进入士大夫阶层。例如下文要提到的大阜潘氏，出身徽州歙县，以盐酱业起家，在苏州经营有年，竟成为天下闻名的文化世家，就是一个显例。

明代苏州的赋税极重，照顾炎武的说法，苏州一府的土地仅是全国田亩的八十八分之一，缴纳的赋税却占到全国近十分之一，乃是天下税负最重之区。但苏州人经常自豪地说，尽管税负最重，苏州仍然富庶甲于天下。经济发达而又重视文教，这就是苏州人才辈出的原因。

◎ 明 沈周《虎丘饯别图》 北京保利 2007 秋拍

晚清苏州贡院，是各县学子参加县试、府试、院试的考场，在葑门内双塔寺前。双塔细而高，正像两支笔，是吴下文风称盛的象征。供图/俞正阳

志士·隐士

既然科举乃是宋代以来选官的主要途径，苏州人在科举中的表现又如此超拔，那么自然的结论是，苏州人在国家政治中枢中的比例应当最高，对于全国政治应该有最大的发言权，其实不然。固然，苏州出过申时行这样的“状元宰相”，身膺重任者也代不乏人，但是无论宰辅、九卿，还是地方督抚、封疆大吏，苏州所出的数量都全面落败于杭州府，有的方面连第二也算不上，似乎苏州人做官的热情并不很大。相反，在明清两代都有过苏州文人发起的抗议行动，这在始终作为皇权合作者的中国古代士大夫群体中绝对是个异数。

明朝人普遍认为，苏州之所以要承担极重的赋税，是朱元璋对苏州人的惩罚性报复，因为他的竞争对手张士诚就是在苏州起家，而苏州人对这位失败的英雄相当有感情。这感情的来源，多半在张士诚善于笼络文人，与朱元璋残忍对待士大夫形成鲜明的对比。明初的著名诗人高启，在给新建的苏州府衙写上梁文的时候用了“龙盘虎踞”四个字，结果被朱元璋腰斩于市，成为明代第一桩文字狱，背后就是帝王与苏州文人的紧张关系。

到了明代中期以后，这种紧张关系就愈加紧张。

成化十八年（1482 年），有个妖人王臣，靠旁门左道得到皇帝宠爱，他带着太监来到苏州，打着为天子搜罗丹药的名号骚扰地方。苏州府学的生员不堪其扰，将王臣辱骂一顿，眼看就要饱以老拳，王臣只好逃走。巡抚王恕上疏为诸生辩白，皇帝杀掉王臣，首级传示江南，这才平息事件。

万历二十九年（1601 年），税监孙隆对苏州织户横征暴敛，引起暴动，织户将孙隆的爪牙打死，还火烧了勾结孙隆的本地乡宦的家。织户葛成自承其罪，被投入大狱，国子监生张献翼带领苏州士民生祭葛成，敬之若神明，掀起巨大的抗议声潮。苏州地方官府也极力游说，最终免去葛成的死罪，并在十年后释放出狱。

天启六年（1626 年），发生了更有名的开读之变。苏州出身的吏部主事周顺昌得罪阉党，东厂校尉来苏州拿人。当宣读逮捕令状之时，苏州府县学生员一拥而上，要求重新审理此案，混乱中打死一名随从，结果颜佩韦等五人自报首谋，被处死刑，周顺昌也逮送京师，拷掠至死。魏忠贤倒台后，苏州人就把刚建成的魏忠贤生祠改为五人墓，那位市民领袖葛成亲自为之守墓。

王臣、孙隆、东厂校尉，这些都是敕使，代表皇帝的权威。苏州读书人主导下的反抗，是地方对皇权的反抗，也是文人对政治的不满。苏州文人的社会责任感，在晚明的复社中达到了顶峰。本来，江南地区存在着许多文社，本为切磋文章、揣摩八股，但读书人聚在一起，不免要放言高论。崇祯二年（1629 年），十几个文社聚集在苏州尹山，合并为复社，名义上是要“兴复古学”、经世致用，他们形成的舆论声浪可以操纵科举的名次，甚至左右内阁的人选，影响力超过同时代欧洲刚刚诞生的政党。

复社的两大领袖张溥、张采都是苏州太仓人，复社成员中苏州府人超过五百，苏中名士如杨廷枢、吴昌时等都是复社骨干。苏州又是复社主要活动的地区，张溥所作《五人墓碑记》已成为苏州城市史上的经典文献，文人议政与苏州地区的文化氛围不能没有关系。

崇祯六年（1633年），复社在苏州虎丘举行大会，这可能是中国历史上最大的一次政治性文人集会。四方云集者数千人，大雄宝殿当然坐不下，生公台、千人石上也都坐满了人，船只堵塞了苏州的河道，家家户户都挂着复社的灯笼，连盗贼也拿复社做幌子。

复社的功过或有可商之处。张溥将周延儒推入内阁后，据说曾给周一本名册，要求他将名册上的人统统设法杀掉，直到张溥英年早逝，周延儒才松了一口气。假如这个说法属实，那么张溥的确可以说是鲁莽轻进，不过他虽不能身居要职，却以一介文人之身运筹帷幄，按照自己的方式为天下谋祸福，确实也是苏州人的作风。

这种作风到了清代，遭遇了重大挫折。对于从关外入主中原的新朝来说，江南士大夫的反抗与不合作是最危险的因素。顺治十八年（1661年），苏州文人金圣叹主导的哭庙案本来针对的只是地方官，并不像明代的先辈那样直指皇权，却仍然被以极残酷的方式镇压下去，18名读书人在震骇恐怖的气氛中死于刑场，与先后发生的通海案、江南科场案、奏销案一起，构成打击江南士气的政策集群——昆山人、探花叶方蔼因为被书吏做了手脚，账面显示他拖欠了一文钱的赋税，因遭黜落，人称“探花不值一文钱”，就是这场运动中最令人啼笑皆非的一幕。

金圣叹临刑前的故事，似乎成了苏州文人参与政治的隐喻。据说金圣叹死前留下一张字条：“字付大儿看。盐菜与黄豆同吃，大有胡桃滋味。此法一传，我无遗憾矣。”这个故事真实发生的可能性很小，但它把抗议、戏弄、无厘头的幽默感杂糅在血腥杀戮的背景之中，这种心态的确是强权下的真实。荒诞的背后，其实是苏州士大夫所极力维护的地方利益与集体自尊。

即便面对高压，这个传统也始终未曾断绝。1909年，苏州人柳亚子、陈去病等人发起南社，这是以文学救国与民族革命为职志的新型团体，其实也是对复社的复兴。南社成立之地山塘街张国维祠就在五人墓一箭之外，今日仍以南社纪念馆的身份开放供后人参观凭吊，这是苏州文人忧国传统的最好写照。

然而，激烈的抗议毕竟只是特殊情势下的非常行动，大部分的日常生活还得在平静中度过。

苏州人似乎对本地生活相当满意。从历代苏州家族的迁徙历史来看，从外地迁到苏州的很多，而从苏州迁出到外地的却少之又少。苏州人就算在京城做了大官，也总想着告老还乡，重新过回天堂日子。前面提到的申时行，不到六十岁就辞官回了苏州，取了个堂号叫“赐闲堂”，自号“休休居士”，又过了 23 年的美妙生活才去世，这种心态，被称作“市隐”。

“莫言嘉遁独终南，即此城中住亦甘”，沈周的这首《市隐》说的就是“大隐隐于市”的苏州人。苏州“最是红尘中一二等富贵风流之地”，人口繁盛，百业兴旺，反而提供了一个足够庞大的多元社会，就如唐寅《阊门即事》所谓“五更市卖何曾绝，四远方言总不同”，供各色人等隐逸其中。唐寅自己三十岁就绝意仕途，后来虽然短暂做过宁王朱宸濠的幕宾，但发现宁王造反的迹象，马上就装疯返回苏州，一辈子没有做过官。文徵明被人举荐，在北京当过三年的翰林院待诏，品级低微不说，他其实到京不久就要辞职，要不是过了三年才批准，他早就回乡了。从五十七岁辞官到九十岁去世，文徵明安安心心做了三十多年的吴中风雅盟主。祝允明倒是当过知县、通判之类的小官，不过任期未满就回到苏州，穷到借贷度日，每天出街之时，债主跟在后面一大群，他却非常自豪，前呼后拥、顾盼自雄。

也就是在这种市隐的心态之下，苏州园林才繁荣起来。申时行告老还乡之后，在苏州建了八所宅院，分别题作金、石、丝、竹、匏、土、革、木，悠游其中，其实这就是八座园林。明代正德年间，王献臣丁忧返苏，为新建的自家园林命名为“拙政园”，意思也是远离政治。拙政园里果木扶疏，出产的大量水果既满足了信仰道教的园主人的自家所需，而且还成为他重要的经济来源。隐于“市”中，毕竟不能人人都如祝允明般洒脱，在挣钱方面还是要各显神通的。

但苏州文人即使做生意，也要做风雅生意。出身苏州太湖东山的洞庭席氏家族，从明代万历年间就开设扫叶山房，经营书籍出版事业，到近代更引入石印技术，可以说是三百年来影响最大的出版家。1699 年，康熙皇帝南巡到苏州，特意到东山席家的东园驻跸。他问席家的主人席启寓有何官职，答说“曾任工部虞衡司主事”，又问“你年纪不大，为何不来京供职”？旁人替他答“在家养亲”。康熙参观了席家的宅第，问席启寓平时都在家做些什么，席启寓说“暇读唐诗，莳种兰花”，于是向皇帝进呈自家所刻《百家唐诗全集》四套、蕙兰二缸。

这时的苏州，距离金圣叹被杀也才三十多年，肃杀的气氛仍盘踞在文人心底。但是，面对掌管生杀的马上皇帝，苏州文人表现出了超脱的从容自信，这背后是

1914 年 3 月 29 日，南社第十次雅集。供图 / 张夷

南社，1909年11月13日创建于苏州，由柳亚子、高旭和陈去病等人发起，是辛亥革命前后著名的文学团体，同时也是一个政治团体。南社之名，取『操南音，不忘本也』之意。『雅集』是南社的主要活动形式，至1923年社团解体，前后有十八次雅集。雅集多摄有照片，由柳亚子保存，背后标注影中人姓名，便于稽考和统计人数。

雅

凝聚于江南精华之地的文化实力，也只有培植深厚的文脉加上富甲天下的城市商业，才有底气与暴虐的权力分庭抗礼。

世家・狂生

洞庭东山席家从明代开始发迹，席家后人今日仍然在海内外各个领域活跃，是个不折不扣的世家。陈寅恪先生曾说："东汉以后……地方大族盛门乃为学术文化之所寄托。"尽管人事有代谢，王朝有废兴，但世代传承的巨家大族却可以波澜不惊，持续为社会供给人才，成为社会文化的稳定器。

早在吴中地区崭露头角的汉代，朱、张、顾、陆四家"江东著姓"就是江南文化的代名词。下至明清，以苏州为代表的江南世家仍然以科举为立家之本，同时又积极经商，一面诗礼传家、一面利用厚生，形成以累代科名为标志的世家。像这样的家族，苏州一城往往同时有数十家，他们不但承担着教训子弟的功能，互相之间还有着错综复杂的联姻关系，制造出盘根错节的家族网络，科举、文化、学术主要就在这样的网络中传续。

在这些世家中，最为人艳称的就是科举成就。比如吴中叶氏，明清两代共有进士 39 人，举人 78 人；长洲彭氏，明清两代一共出了 14 个进士，其中状元就有两位，还有一位探花；莫厘王氏共有进士 12 人，其中状元、探花各一位；昆山徐氏三兄弟，长兄徐乾学、仲兄徐秉义都是探花，三弟徐元文是状元，徐乾学的五个儿子全部都是进士；大阜潘氏 9 名进士，其中状元、探花也各有一位，状元潘世恩做到太子太傅、武英殿大学士、军机大臣、上书房总师傅，状元宰相，重宴琼林，被称作三百年中福祉全人等，这类令人艳羡的故事，不但在苏州人人乐道，也传播到全国各地，树立起文化世族的典范。

不过，世家的意义并不全在科举。文徵明所属的文氏家族以书画见长，文彭、文震孟、文震亨都是著名的艺术家。还有所谓"前有四皇、后有三张"，指的是"皇甫四杰"皇甫冲、皇甫涍、皇甫汸、皇甫濂兄弟，及张凤翼、张燕翼、张献翼兄弟，这都是名重天下的文学家、戏曲家。其他如从医者、藏书者等更不胜枚举。

作为中国宗族建设最为根本性的制度设计——义庄，就起源于苏州，首创于范仲淹。他捐出俸禄，购田十余顷，所得租米全部用于宗族福利，包括贫寒族人的衣食及婚丧嫁娶等费，更重要的是用于子弟教育及支持族人参加科举。在功名、官僚无法世袭的时代，通过义庄、宗祠等可见载体团结起来的宗族事实上起到了维系本族整体社会地位的作用，本质上是一种抱团取暖的社会集团。

不过，与东南沿海一带发达的宗族势力不同，苏州世家较少礼教的约束，更看重文化的代际传承。世家子弟固然知书达理，小户人家的孩子也未必不能成才，不外少了父兄的耳提面命，多一点狂狷之气而已。奇妙的是，这两类人还能融合无间，相处愉快。

“吴门四才子”中，祝允明是宰相徐有贞的外孙；文徵明的父亲做过知府，叔父做到右佥都御史，他学文、学书、学画的老师都是父辈的朋友，是有名的公子；徐祯卿则家世不显，长得还特别难看，因此失去了进入翰林院的机会；唐寅出身最为低微，他自己说小时候“居身屠酤，鼓刀涤血”“参杂舆隶屠贩之中”。这几位出身完全不同的文人，却有精神上的共鸣：

唐子畏居桃花庵，轩前庭半亩，多种牡丹花，开时邀文徵仲、祝枝山赋诗浮白其下，弥朝浃夕。有时大叫恸哭。至花落，遣小伻一一细拾，盛以锦囊，葬于药栏东畔，作落花诗送之。

有人说这就是《红楼梦》黛玉葬花情节的灵感来源，姑且不论；这些苏州文人的潇洒放浪，之所以超越了阶层和身份的差异，因为他们共享同一种文人文化。苏州文人本质上是城居文人，城市文明与文人文化汇聚一身，这跟传统中荒村野老、“二三素心人”式的文人生活已经有了本质的不同。发达的城市经济形成了消费社会，在这个社会里，以前仅供文人品味的东西也都成了可以买卖的商品，文章、画作、古董，无一不可交易。这看起来是“俗”事，却使得“雅”有机会进入寻常百姓家，文化市场成为勾连文人趣味与社会日常的最好媒介，也可以供养大批单纯以卖文卖画为生的职业文人。

苏州府常熟人桑悦自称“江南才子”。有很亲近的朋友向他求文，觉得彼此已经这样熟，大概不需要给润笔了吧。桑悦说：“我一辈子都没有白给人家写过文章，而且要是挣不到钱，根本也没灵感。要不这样，你先拿一锭银子放在我面前，四五两就行，刺激一下我的文思，等我写完了再还给你还不行吗？”虽然桑悦被目为“狂生”，其实这种清清爽爽的文化交易在苏州乃是常态，比如唐寅就有一册巨簿，里面登录的都是自己作品的名目，封面上却大书二字曰“利市”，真是率真得可爱。

苏州虽然经济发达，富豪众多，但引领时尚的还是文人士大夫。也正因为苏州时尚代表着文人趣味，所以它就定义了明清中国的雅致文化，进而成为整个中国上层社会的时尚标杆，以至于“苏样”成了时髦的代名词。明代王士性《广志绎》说苏州人“善操海内上下进退之权，苏人以为雅者，则四方随而雅之，俗者，则随而俗之”，原因很简单，“其赏识品第本精”，大家也就心甘情愿追随苏州人的品位。

苏州人的“赏识”，绝不只是针对器物、书画，他们所赏鉴的就是生活本身。金圣叹写过一篇《不亦快哉》，说人生中“不亦快哉”的三十三种时刻，例如——

本不欲造屋，偶得闲钱，试造一屋。自此日为始，需木，需石，需瓦，需砖，需灰，需钉，无晨无夕，不来聒于两耳。乃至罗雀掘鼠，无非为屋校计，而又都不得屋住，既已安之如命矣。忽然一日屋竟落成，刷墙扫地，糊窗挂画。一切匠作出门毕去，同人乃来分榻列坐。不亦快哉！

又如——

冬夜饮酒，转复寒甚，推窗试看，雪大如手，已积三四寸矣。不亦快哉！

◎清 任薰《愙斋集古图》（局部）上海博物馆藏

赏鉴

甚至——

朝眠初觉，似闻家人叹息之声，言某人夜来已死。急呼而讯之，正是一城中第一绝有心计人。不亦快哉！

狂士金圣叹，富才华、懂情趣、有品位，还嫉恶如仇，他所欣赏的生活既是审美的、纯净的，也是富足的、多姿多彩的。这种追求正来自苏州这个繁华商业城市的赠予。

在大批苏州文人的笔下，“吴门”与其说是一个地名，不如说是一个特殊的文化空间，这个文化空间虽然孕育于江南，却“甲于江南”。构成这个文化空间的，是不计其数的、具有复杂关系的各式各样的文化人。这里具备一切适合滋养文化的土壤：世家、市场，还有大体宽容的氛围。

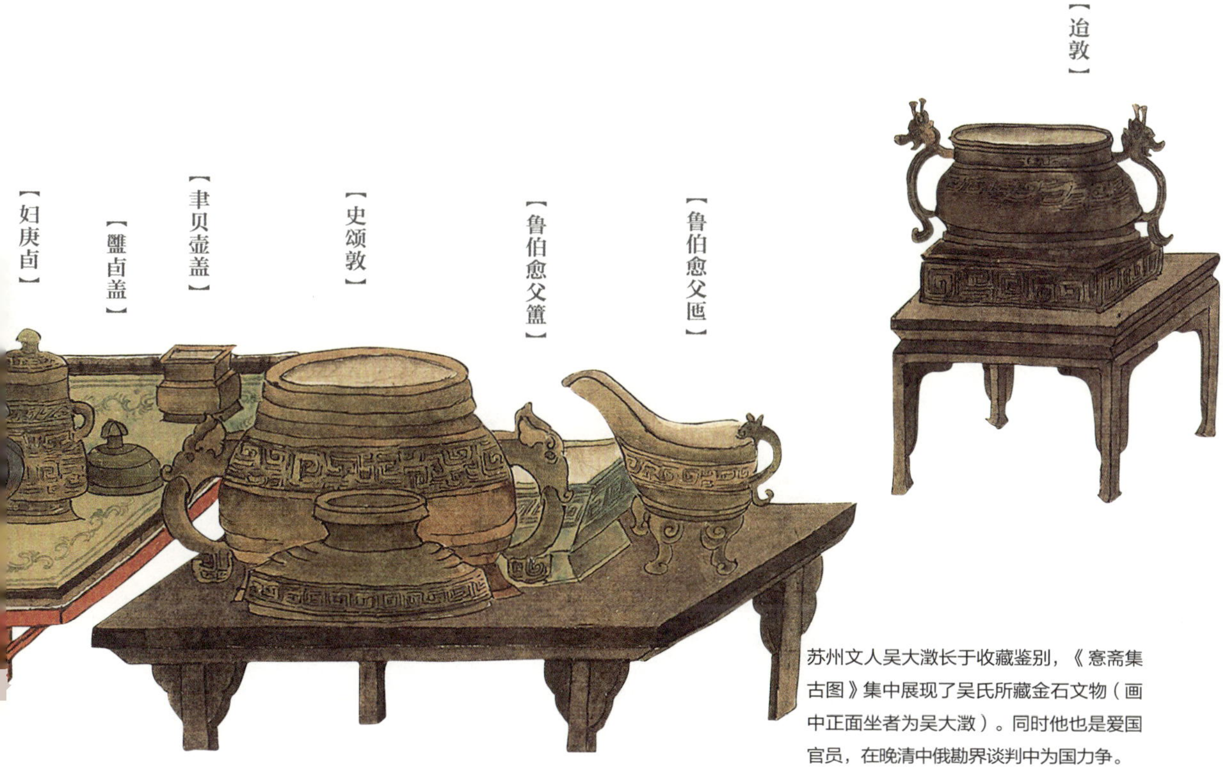

【妇庚卣】

【盥卣盖】

【聿贝壶盖】

【史颂敦】

【鲁伯愈父簋】

【鲁伯愈父匜】

【追敦】

苏州文人吴大澂长于收藏鉴别，《 愙斋集古图 》集中展现了吴氏所藏金石文物（ 画中正面坐者为吴大澂 ）。同时他也是爱国官员，在晚清中俄勘界谈判中为国力争。

◎ 明 唐寅《班姬团扇图》台北故宫博物院藏

唐寅的仕女画形神兼备，除了高超的绘画功力，更重要的是他能对画中人产生同情和共鸣。这正是苏州文人的精神，画作上方祝允明、文徵明等人的题诗也体现了这一点。

佳人·才子

这种宽容与大度，集中体现在苏州对待女性的态度上。当范仲淹为苏州的世族奠定基础的时候，他大概不会想到，文化世家的一个意外的好处，是催生并且羽翼了相当数量的女性文化人，这就是苏州的闺秀。

吴江沈氏家族的男性十分优秀，在晚明有所谓“五凤八龙”之称，但这家的女性完全不让须眉，有诗文传世的就有 20 多位，既包括沈家的女性，也包括嫁来的媳妇。其中最负盛名的沈宜修，后来嫁给叶氏家族的叶绍袁，所生三个女儿都和母亲一样有自己的文学作品传世。沈宜修与女儿们“相与题花赋草，镂月裁云”，还与她们的女性亲眷，兄嫂弟媳、姑母侄女、姐妹妯娌乃至婢女之间唱和，是不是像极了大观园中的海棠诗社？

崇祯五年（1632 年），沈宜修的三女叶小鸾在成婚前五日不幸夭亡，年仅十七岁。二十三岁的长女叶纨纨归家哭妹，两个月后也去世了。次女叶小纨追念姐妹情深，创作了杂剧《鸳鸯梦》，成为中国历史上第一位有作品传世的女性剧作家。《鸳鸯梦》写三位怀才不遇的少年书生，前生分别是天上神仙的三位侍女。三兄弟感情甚笃，两位先亡，最后在天庭团聚，显然就是三姐妹的投射。在叶小纨营造的文学世界中，主角们的性别反复转换，只有彼此真情不变，这是女性所理解的人间。

明末清初，才女文化在江南兴起，才女最集中的地方就是苏州。《清代闺阁诗人征略》收录清代女性诗人 1200 多名，苏州女诗人就占到将近 200 名。在苏州世家，女孩子幼时与同龄男子一起入学读书是非常普遍的事。在家长们心目中，女性也得读书明礼，才能得配佳婿，光耀门楣。

也正是由于世家与姻亲的关系，苏州人对于女性文人给予了足够的尊重。出身吴中徐氏的徐媛与赵宧光之妻陆卿子相唱和，苏州士大夫交口称誉，甚至称之为“吴门二大家”。徐媛的侄孙女徐灿嫁给大学士陈之遴，成了拙政园的女主人，著有《拙政园诗余》三卷、《拙政园诗集》二卷，更成就一段风流佳话。

世家虽然培育了闺阁诗人，但闺阁诗人却不甘自限于家族之内。乾隆时代的张允滋与十位女

◎明 唐寅《玩月图》扇 台北故宫博物院藏

明中后期，折扇成苏州文人怀袖雅物。苏州制扇一时名手云集，而画家在特定空间中精思巧构，亦独具匠心。

吴中才子文徵明曾亲自参与拙政园的设计与建造，后又屡为拙政园作记、题诗、绘图，显示了文人与园林之间的密切关系。

诗人组成“清溪吟社”，张允滋自为盟主，其他十位号称“吴门十子”，作品集成《吴中女士诗钞》，完全是文人结社的名士派头。书中赞美社友的诗才，会说“为我闺人吐气”之类的话，女性作家的自我觉醒可见一斑。同时的大才子袁枚门下女弟子众多，号为“随园女弟子”，其中苏州人就有 20 位之众，她们不但与袁枚往来过从，还在虎丘多次公开雅集，引得世人侧目而不顾，就更是惊世骇俗的壮举了。

才子佳人的故事，向来是中国文人的不变梦想，这种梦想只有在苏州才算完全实现，因为苏州的“佳人”不像其他地方多在青楼，而是温厚风雅的大家闺秀，生长于苏州的林黛玉就是她们的最高写照。明清两代的苏州，大批闺秀的诗文别集、总集、选集得到出版，她们的文学才能也和美德一样流传后世。

闺秀的作品无一例外的都是清真雅正、不涉邪淫，但文人也未曾忽略人间烟火。明末苏州最有名的作家冯梦龙就编了几部短篇小说集，内容多是小人物的悲欢，合称“三言”。除此之外，他还编了一部《山歌》，收集民间流传的歌谣，其中大部分都是直接描写男女情欲的，用词相当露骨。不过，有一首比较特殊，是这么唱的：

古人说话弗中听。那了一个娇娘只许嫁一个人。

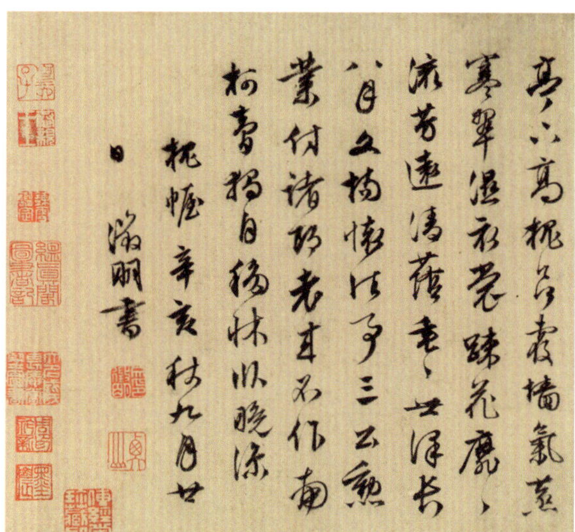

◎明 文徵明《拙政园十二景图》册（局部） 美国大都会艺术博物馆藏

若得武则天娘娘改子个本大明律。世间啰敢捉奸情。

唐朝的则天娘娘当然改不了明朝的大明律，但是这首歌之蔑视礼教、不管不顾，就连今天也追赶不及。《山歌》大多是不知名的民间作者的创造，这首的特别之处在于，冯梦龙自注说这是他的朋友苏子忠的作品，而苏子忠其实是个老实人（“笃士”），却能写出如此文字，足见“文人之心，何所不有”。

是的，文人的价值就在于，他们可以超出个人的狭隘经验，与他人共情与共鸣。这些苏州文人，出则可以上匡天子、下安黎民，隐则流连诗酒间，不愿鞠躬车马前。对世界、对人心，他们都有深刻的体认与了解，所以才能抵达艺术与文学的精彩幽微之境，又不忘对芸芸众生的同情与支援。

日本东洋史学者宫崎市定曾说，任何国家都有代表本国风气与文化的城市，就像法国的巴黎、美国的纽约，在中国则是苏州。以江南之人文渊薮，苏州文化的任何一种优长都很难说为本地所特有，但苏州的特质在于，它将文人文化的一切成果都熔于一城，凡见于江南他处的，往往也都见于苏州，不见于江南他处的，未必不见于苏州。文人文化朝向不同方向的延展，都能和平相处，共存于一个庞大的城市商业社会。正是在这个意义上我们才能说，代表中国文化核心特质和审美倾向的是江南，而代表江南文化之深度与广度的则是苏州。

昆曲：苏州的盛时弦歌

文 霍亮子
绘 兰跃峰

苏州是昆曲发源地。

明清苏州，

从剧本创作、伶人表演，乃至服饰、乐器生产，

都居于昆曲行业的核心。

社会各阶层以不同形式与昆曲发生关联，

苏州民众热衷戏曲，

而文化精英则通过堂会、家班和曲社等方式影响昆曲审美，

推动了昆曲的“雅化”。

在昆曲的近代化过程中，

以昆剧传习所为代表的文化精英群体发挥着重要作用，

其影响持续至今。

2001 年，昆曲在中国众多的传统艺术形式中率先被列入联合国“人类非物质文化遗产代表作名录”。在“遗产”领域拔了头筹，可视作昆曲在新世纪复兴的先声。与此同时，中国经济整体高速增长促成了有产者文化消费的强烈冲动，使得复兴的昆曲承担了细分消费与文化认同的双重使命。这种复兴的规模虽然局限于大都市精英人群里的少数，却也因此获得了几何级的传播频率和影响力，无论是媒介宣传还是昆曲团体在市场营销中的刻意经营，昆曲都固化了与两个标签的联系，在大众印象里获得了“古”与“雅”的设定。

这样的印象大体不错，只是同一切“标签”一样将复杂丰富降维成平面简单。“古”与“新”、“雅”与“俗”皆是相对，谁能想到昆曲在诞生之初曾被认为是讹陋的俚俗之乐，又在南戏四大声腔里作为后来者，曾是“新声”和“时曲”呢？

想探究昆曲丰富的性格和多重的面貌，需从苏州说起。苏州是昆曲的诞生地，见证了它的鼎盛时代，还在昆曲盛极而衰时维系一丝血脉，存留余韵，成为塑造昆曲当今面貌的关键环节。昆曲的命运与苏州的命运高低起伏，都合在节拍上。

时代主旋律

粗略描绘宋元时期中国戏剧的格局，北方有杂剧，是被纳入官方系统的正声雅乐；发源于现今温州的永嘉南戏在传播时与当地方言民乐结合，形成四大声腔——弋阳、海盐、余姚和昆山，昆山腔出现时间最晚，准确时间不可考，大约在元明之间。直到明嘉靖年间徐渭撰《南词叙录》时，昆山腔还“止行于吴中”。

昆曲源自昆山腔，自明魏良辅等载于史册和更多名不见经传者的改造，明中期以后成为流行曲种而远播全国，万历年间进入宫廷，并逐渐取代了北杂剧的地位。其间变化包括吸纳北杂剧曲牌，重新编配伴奏器乐，采用中原音韵，细致打磨声腔以及一流文士撰写剧本等。昆曲摆脱了地方小戏的出身，脱胎换骨成为官方认定的主旋律，这一过程几乎都是在苏州和以苏州为核心的江南地区发生的。

昆曲迭代时的江南，正是中国经济最繁盛、文化最昌明、消费欲望最强烈的地区。明清时期，江南人口增加且不断向城镇聚集。17 至 19 世纪，苏州的城市人口增加了一倍，市镇人口猛增九倍，有些市镇在规模和繁荣程度上不亚于“城市”。而江南的一般平民，包括租佃农、长短工也具备消费能力，更不用说人间天堂里的苏州人。

晚明笔记中关于江南好奢靡的记载屡见不鲜，衣求新潮，食以珍馐，住于园林，行有舟车，社会风气从明初的崇尚节俭向放纵物欲发展。风气转变背后，是民间财富的积累，以及消费社会对于物质的非凡创造。戏曲在奢侈消费中扮演着重要角色，江南世风奢靡与昆曲流行同时发生，并非巧合。《叶天寥自撰年谱》中有崇祯五年（1632 年）苏州演剧场景的记载：“壬申五月，正青苗插种之时，城市竞相媚五方贤圣，各处设台演戏。郡中最有名之梨园毕集吾邑，北则外场书院前，南则垂虹亭、华严寺，西则西门外，东则荡上。一日斋筵及梨园供给价钱费三四十金不止，总计诸处一日百五六十金矣。”

清嘉庆、道光间人袁学澜在《吴郡岁华纪丽》里则描述了乡间演戏景象：“承平日久，乡民假报赛名，相习征歌舞。值春和景明，里豪市侠搭台旷野，醵钱演剧，男妇聚观。众人熙熙，如登春台，俗谓之春台戏。抬神款待，以祈农祥。”其后列出戏班的不同来源，“最有名者，为昆腔”。这已经是花部诸戏在市场上与昆曲竞争的清中后期，更不用说昆曲的鼎盛时代。在乡野之中唱春台戏的风俗一直持续到 20 世纪上半叶，据昆曲传字辈艺人回忆，他们在抗战时期还曾沿着前辈艺人的水上路线，在江南乡村跑江湖。

除了按定例出现在官方庆典、游神赛会、家族祭祀、婚庆寿诞等仪式性场合，

清初，孔尚任创作《桃花扇》，借离合之情，写兴亡之感，人物众多，场景斑驳。它与同时代洪昇创作的《长生殿》一起，成就了昆曲鼎盛期最后的巅峰。

摄影 / 徐志强

昆曲也在日常生活中发挥着自己最重要的功能，那便是纯粹的娱乐。酒馆、茶肆、饭馆、厅堂都可变作舞台，最别致的舞台是游船，清人顾公燮在《消夏闲记》中写道：“苏郡向年款神宴客，每于虎丘山塘卷梢大船头上演戏。船中为戏房，船尾备菜。观戏者另唤沙飞、牛舌等船列其旁。”演员与观众都在水上，一众小船簇拥大船，晚到的来客可叫“荡河船送至山塘”。

场景风流，也有坏处，天气不好不能演；戏不好，岸上抛砖掷瓦不能演；观剧人太多，还容易造成拥挤坠堕，更不能演。雍正时期，苏州出现了专门的戏园——时间比北京稍晚，并且迅速遍地开花。跟其他场合观戏多有赞助人不同，戏园的出现，说明戏曲有了专门而固定的受众，可令场馆维系营业。

明末徐树丕《识小录》关于吴优的条目写道：

吴中几十年来，外观甚美而中实枵然。至近年辛巳奇荒之后，即外观亦不美矣。而优人鲜衣美食，横行里中。人家做戏一本，费至十余金，而诸优犹恨，恨嫌少。甚者有乘马者、乘舆者、在戏房索人参汤者，种种恶状。然必有乡绅主之，人家惴惴奉之，得一日无事便为厚幸矣。屠沽儿家以做戏为荣，里巷相高，致此辈益肆无忌惮，人言吴儿痴，岂不信然！

在徐树丕的年代，请戏班的价格已是明初的十倍。从乡绅富豪到贩夫走卒都竞相花钱请戏班，是全社会的风尚。按明律，优伶为贱籍，服饰衣色上均有规定，不要说乘车马，就是在路上行走，也要排队靠边。优伶的骄横不过印证了戏曲受欢迎的程度，一本戏费十余两银子是上等戏班的价格，这样的戏班非昆班莫属，其他剧种远不及此。

“辛巳奇荒”是在崇祯十四年（1641年），苏州民间的狂欢景象与宫廷形成对比。三年后，大臣田畹将善演昆曲的吴中名歌妓陈圆圆献与崇祯帝，崇祯收束声色娱乐拒收。这样的姿态并没有挽回大明王朝，大厦倾颓得那样快，李自成攻破北京，并从吴三桂府中掠去了陈圆圆，乱世佳人的命途还要横跨大半个中国，延伸很远，但崇祯的气数已经到了尽头。同年三月十九，他命嫔妃自尽，砍杀了公主，自己吊死在煤山上。这段故事在后世也被演绎为昆曲，为《铁冠图》中的一幕。

谁来定义“雅”

写于清康熙时期的《觚剩》里记载了一则逸闻，清初时苏州文人汪琬参加一

1926 年，昆剧传习所“传”字辈艺人赴沪演出。在昆曲的近代化过程中，昆剧传习所起到了重要作用。生于乱世的学员们在新中国成立后成为教学中坚，终不负传承使命。供图 / 陈钰曦

次聚会，众人都在夸耀本地特产，南粤有象牙犀角、陕西有毛皮毡裘、山东有海产、湖广有米粮等，只有汪琬默不作声，大家揶揄他，苏州是天下名城，您又是苏州人，难道不知本地有什么名产吗？汪琬这才说，苏州么，特产很少，只有两样，第一是梨园子弟。大家都抚掌称是。言止于此，众人不依不饶追问，他才又开口道：“状元也。”众人听得哑口无言，作鸟兽散去。

苏州因是昆曲的发源地，“四方歌者皆宗吴门”，“吴优”“吴娃”“吴儿”已然是昆曲演员的代称，苏州籍艺人流布各大都会，《红楼梦》里为迎元春省亲，从苏州采买梨园十二女伶就是当时的标准操作，昆曲的流行甚至造成民众竞相卖身以做优伶的场面。另据《苏州市志》统计，从明天启到清康熙之间，传奇作家 140 多人，传奇剧本 300 多种，其中苏州籍作家占三成，作品占六成。苏州城西阊门、胥门一带手工业发达，其中就包括乐器制造。苏州的棉布纺织、丝绸织造与刺绣更是天下驰名，“衣被天下”，戏服道具皆成产业。

清廷设“南府”管理戏曲，戏班、戏衣和乐器材料都由苏州织造府承应，苏

作为世界级“非遗”，昆曲享誉海内外。2008 年 6 月，苏州昆剧院《牡丹亭》在英国伦敦赛德勒温泉剧场上演。演出前，“胡判官”正在画脸。摄影 / 加雷斯·卡特莫尔州的梨园行也由织造府统辖。康熙时期担任苏州织造的李煦还与江宁织造曹寅一起为康熙密传江南情报，清廷对于能否在江南地区巩固统治格外关心，不仅因为江南是经济命脉，也因为这里的知识精英和民众在改朝易代时的抵抗，康熙南巡的目的之一也被视为是彰显文化权力。

从个人趣味上来说，康熙喜好昆曲，认为其代表了“梨园之美”。康熙二十三年（1684 年）他首次南巡，刚到苏州，就问这里有唱戏的么，随即传戏班点戏，看了二十出，直到夜深。第二次南巡对承应的戏班寒香、妙观十分满意，嘉奖之外，“每部中各选二三人，供奉内廷”。第五次南巡恰逢康熙六十大寿，时任苏州织造李煦将场景铺排得十分宏大，“皇船经过浒墅关……沿途河边一带数里设戏台演戏恭迎”，至于行宫内所设的宴乐更不用说。康熙还钦点了曹寅所著的《太平乐事》一剧。

曹寅和李煦都蓄有家班，据说李煦的儿子李鼎“性奢华，好串戏，延名师以教习梨园，演《长生殿》传奇，衣装费至数万，以致亏空若干万”。这是极端的例子，但蓄养家班开销巨大，与造园、搜罗古董、在生活趣味追求极致等，都成为苏州名门望族的顶级配置。

就像汪琬略带炫耀的说法，苏州名产是优伶与状元，家班就是以后者的名与财，购买前者的声与色。如明末的申时行，嘉靖四十一年（1562 年）状元，官至内阁首辅，隐退回乡后购置家班调教，“为江南称首”。明清的江南世家常集合地主、富商、官宦、文人等多种身份，掌握财富、文化、娱乐的话语权。归有光指出江南社会风气的变化是“大抵始于城市，而后及于郊外；始于衣冠之家，而后及于城市”。衣冠之家是风气的起始。

与市场演剧要满足大众趣味、仪式剧目有功能需求不同，家班作为主人品位的代表，常求新求奇，明清之际的文人张岱曾经写过刘晖吉的家班女乐，在表现唐明皇游月宫的剧情时如何设计机关布景，让场面如幻如真。而阮大铖的家班除了每一字句、每一角色、每一本戏都精心出色之外，“如就戏论，则亦镞镞能新，不落窠臼者也”。

张岱自己也是有家班的，曾记夜游金山，一时兴起，在古刹里令优伶唱“韩蕲王金山及长江大战诸剧”，唬得睡梦中的老僧不知是人是鬼，以放浪为韵事。他还生动描述过每年中秋的虎丘曲会，这场由“土著流寓、士夫眷属、女乐声伎、曲中名妓戏婆、民间少妇好女、崽子娈童及游冶恶少、清客帮闲、傒童走空之辈”共同参与的集会，是全民嘉年华，也是专业竞技场。轮番上演的节目从喧天锣鼓，齐唱大曲，管弦伴奏的南北曲，再到洞箫伴奏的人声，一点一点安静下来，人群逐渐散去，三鼓之后，“一夫登场，高坐石上，不箫不拍，声出如丝，裂石穿云，

戏如人生：昆曲里的角色行当

每一出戏都是一个小世界，演员装扮成不同的性别、年龄、身份、气质、性格的人物粉墨登场。人物的具体品类，就是“角色”。角色分门别类，就成了昆剧里的“家门”，各有其表演程式。

昆曲诞生之初，角色家门沿袭南曲戏文旧制，分生、旦、外、贴、丑、净、末七色。在不断发展中，昆曲兼收各剧种之长，明代《曲律》提及角色家门有十一色，清代《扬州画舫录》录有“江湖十二色”，至近现代已形成了更为细密的二十多种家门细流。然而，无论分支如何精细，总体仍不外乎生、旦、净、末、丑五个大类。

生

“生”在昆曲中多指青年男性，因此俗称“小生”。生行的音色真假嗓结合，表演儒雅飘逸。《牡丹亭》里人鬼情缘的男主角柳梦梅是“巾生”。巾生是未及冠或未及第的书生，因人物头戴方巾而得名，多是爱情故事的主角。《牡丹亭》的故事也正发生在柳梦梅进京赶考前后，翩翩少年，多情中带着浓浓书卷气。

“则为你如花美眷，
似水流年。
是答儿闲寻遍，
在幽闺自怜。”

《牡丹亭》柳梦梅

“哎呀不不不好了，
看看月上粉墙来。
嗳，
莫怪我再三催！”

《西厢记》红娘

旦

“旦”是女性角色的总称，横跨各种身份、年龄。《西厢记》中，崔夫人是老旦、崔莺莺是五旦（“闺门旦”）、红娘是六旦（“活泼旦”），造型迥异，性格鲜明，称得上是“三个女人一台戏”。故事的主线虽是张生和莺莺冲破封建婚姻制度私订终身，但戏里最受观众喜爱的却要数热情直率、俏皮可爱的红娘。

净

“净”是以油彩勾出特定造型的角色，俗称“花脸”。其中大面脸谱以红、黑二色为主，有“七红、八黑、三和尚”之说。《钟馗嫁妹》里的钟馗是“八黑”之一，因为遭害毁了面容，做了“鬼王”后又为妹妹的婚事奔走。他的脸谱黑红相间，粗看丑陋狰狞，细看又有柔和善良的一面，把钟馗的性格也表现出来了。

“摆列着破伞孤灯，
对着这平安吉庆，
光灿烂剑如寒星”

《钟馗嫁妹》钟馗

“丑”是以插科打诨、滑稽调笑为主的角色，有小丑和副丑两个家门。总的来说，副丑多狡诈，小丑多正面。但也有例外，比如《十五贯》里的小丑娄阿鼠就是恶人。1956 年，这部改编自《醒世恒言》的断案传奇在北京成功上演，时值低谷的昆曲界为之一振。《人民日报》专门报道，称之为“一出戏救活了一个剧种”。

“阿咦，
唔弗是测字先生，
直头是救命王菩萨哉！
我娄阿鼠个条性命，
是交托拉唔处个哉！”

《十五贯》娄阿鼠

末

“漫揾英雄泪，相离处士家。
谢慈悲，剃度在莲台下。
没缘法，转眼分离乍。”

《醉打山门》鲁智深

“末”多为蓄须带髯的中老年男子。净、末之间，虽界限严明，但也颇为相通，“传”字辈昆曲艺术家，净、末两家门都用“钅”作艺名偏旁便是例证。特定角色所属的门类因人、因戏而异，如《醉打山门》里的鲁智深，有时归末，有时归净。《红楼梦》里，薛宝钗点过这出戏，一曲《寄生草》让宝玉拍膝叫绝。

昆曲家门

大官生	小官生
巾生	穷生
雉尾生	
老旦	正旦
作旦	四旦
五旦	六旦
大面	白面
邋遢白面	
老生	副末
老外	
小丑	副丑
杂	

串度抑扬，一字一刻。听者寻入针芥，心血为枯，不敢击节，惟有点头”。这是行家里手，然而曲高必和寡，所余听众不过一百来人，张岱承认若非是在苏州，恐怕这样的观众也不可得。

戏曲的影响力如此之大，受众如此广泛，使得它总是处于国家干预的范围，清廷的特殊之处还在于文化身份的焦虑。清朝关于戏曲的禁令包括但不限于：不许七品以上官员及八旗子弟出入商业戏园，不许夜间演戏，不许妇女出入戏园，不许上演帝王戏，官员不许蓄养家班，只准表演昆弋戏，禁止秦腔表演以及毁禁淫秽小说戏本等，这些措施有些是雷霆风暴，有些则未必奏效。乾隆十一年（1746年），还以国家工程的方式修订了《九宫大成南北词宫谱》，收唐宋、金元以至明清的大曲、词曲、诸宫调、戏曲、套曲、散曲凡4466首，还以工尺谱形式记录了每首曲的唱法——每字的唱腔、板眼，为昆曲定出“国标”。

似乎是作为一种回应，乾隆五十七年（1792年），苏州人叶堂出版了《纳书楹曲谱》。作为自己五十年潜心研究昆曲的总结，书中整理校订了当时流行的昆曲单折戏及散曲，行腔细致考究，被后世视为范本，影响极大。叶堂在曲谱中对“俗”与“雅”做出了判别，其中一条按照后来龚自珍的总结便是：“清曲为雅谳，剧曲为狎游。”文人出于修养的清唱要高于优伶为了获利的娱人表演，在虎丘曲会最后登场的那位曲家才是昆曲的至高境界。

天涯聆古调，失意见传人

美国学者郭安瑞在《文化中的政治——戏曲表演与清都社会》中认为，可以通过对于戏曲的分析，“看到作为帝国政治中心的北京与作为文化中心的江南之间在审美品位上的长期协调与竞争”。“在19世纪中期，江南精英的审美左右了戏曲等级，而在此之后，控制权转到清廷手中。不一定受过教育而并不总是留下文字记载的普通市民观众，通过对剧目和伶人的喜好而参与到这场竞争中来。”

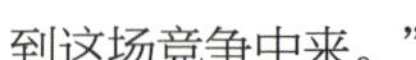

通俗流行娱乐的转变虽草蛇灰线，早有埋伏，但真的发生时会异常迅猛。朱家溍通过研究清廷留下的档案得出结论，从咸丰到光绪初年，清宫演剧中仍以昆弋为主，昆曲并不少见。而到了光绪末年，乱弹（此处应指京剧的前身皮黄戏）所占的比例忽然大幅度增加。光绪三十四年（1908年）慈禧十月生辰大寿，当月记录演出十二天，每天十出戏，“除开场一出吉祥戏是弋腔，只出现四出昆腔……

蝴蝶盔（背面），《扈家庄》中扈三娘戴。
摄影/黄彬彬

凤冠，《长生殿·小宴》中杨玉环戴。摄影／黄彬彬

其余一百余出都是‘乱弹’”。当时宫廷所演剧目与京城内商业剧场并无不同，可见乱弹在当时的北京已取得了压倒性的优势。

江南的情形相类，乾隆时期相当于苏州梨园行会的老郎庙重修，在碑刻中捐款题名的苏州昆班有 46 个，此后经太平天国时期残酷的战乱，道光二十九年（1849 年）维修老郎庙时，捐款的昆班只有 4 个。其中生命力最顽强、影响也最广的是成立于道光、从清末一直活动到民国初年的全福班，他们中的老演员也成为昆剧传习所的老师傅。昆曲在苏州失势的同时，上海成为代表江南的大都会与最活跃的演出市场，这一流变与两城在人口、经济、交通、财力上的此消彼长同步，尽管上海的众多昆曲演员乃至观众群落都来自包括苏州在内的江南腹地。

昆曲在市场竞争中落败于以京剧为代表的“花部”“乱弹”剧目，原因多重：昆曲有固定的曲牌，填词方法与诗词歌赋一脉相承，而京剧等剧种则无固定格式，更自由通俗；昆曲主伴奏乐器为曲笛，悠扬柔和，而新兴剧目多以胡琴为主奏，激越高亢；雍正时期废除乐籍制度，除了北京、江南等核心地带，单一剧种在更广泛的官方系统内难以维系优势，地方戏勃兴；太平天国运动阻断了京杭大运河，也阻断了吴优上京的通道等。这些都是推断，也有一种可能，人们只是口味发生了变化，就像在今天市场上看到的一样，边缘成为主流，俚俗变得高雅，在娱乐上，新鲜刺激永远完胜老派守旧。

虽然昆曲演出团体一再凋零，但不意味着昆曲的失传。尤其在江南地区，一方面保留古老乐户痕迹的堂名班社，另一方面，出席婚丧嫁娶等仪式时以坐唱的方式奏乐演唱，曲目大部分来自昆曲。苏州有学养的家庭里，多会聘请曲师教授昆曲，按照过云楼顾氏后人顾笃璜的说法：“在苏州，学昆剧受到家庭的鼓励，因为学昆剧可以增知识、长学问，可以陶冶情操。学一点生、旦身段可以使行为举止更加风雅。所以唱曲之风极盛，穿行于大街小巷，常能听到笛声悠扬。”

这样的家教在清末民初的苏州很普遍，20 世纪前半叶，江南有很多业余曲社，曲社中人身份不同，但都属于文化精英，认同昆曲的文化和学术价值。1921 年昆剧传习所在苏州成立，其背后的推手绝大多数便来自苏州“道和曲社”。曲社之外，昆曲还进入到了新式学校，大、中、小学都有将昆曲纳入教学或者社团的

昆曲盛行的时代也是中国园林最鼎盛的时期，这并非巧合。两者以“雅”的美学相连，曲与园，声与相和，往往有着相同的境界，更遑论园林常是剧中故事发生的舞台。

摄影 / 陶源

记载。在西学东渐的背景下，昆曲饶有趣味地获得旧式文人与新式学堂的共同认可，如吴梅在北京大学任教，溥侗在清华大学任教等。著名的民国闺秀张元和、允和、兆和、充和四姐妹在苏州成长时，也曾跟随曲师学习昆曲，并发展成终身爱好，元和与传字辈小生顾传玠后来还结为佳偶。比起以往道学家反对女性看戏，连在自家厅堂中垂帘看戏也被认为不雅来说，移风易俗，发生巨变。

昆剧传习所是文化精英拯救昆曲表演的一种努力，传习所学员多出身于苏州穷苦人家，入校时名字中都嵌入一个“传”字，被称为传字辈艺人。学校在保持口传心授的教学方法之外，还有诸多创新，是现代戏校的雏形。虽然这批学员生不逢时，未能在市场上获得最终成功，但其幸运者在 20 世纪 50 年代获得戏校聘任，成为教学中坚，终未辜负“传”承使命。而那一代承前启后的昆曲教员，艺人也好，曲师也罢，许多都来自苏州。

2018 年夏天，因为寻访昆山老曲师吴秀松旧事，我在南京采访了他的学生朱继云。他少年时在苏州入学江苏省戏曲训练班，今日江苏省戏校前身，名中嵌入“继”字，与现在的昆曲名伶张继青是同辈学员。朱继云是吴江盛泽人，那年 12 岁，懵懂到苏州不认识路，一路问到一个中年男子，“大概 40 岁左右，他说正要去那里，但需要回一次家，我就跟他回家——那时候好像也没有坏人。他家就在附近，从一个石库门进去，带我上二楼，拿出一管笛子吹了一下，说这就是昆曲”。那是 1956 年的苏州。

训练班就在文徵明旧居，关起园子学戏三年。负责人是顾笃璜，老师有传字辈的演员沈传芷、倪传钺，昆曲曲家宋选之、宋衡之兄弟，学员们昵称为大、小宋先生，出身堂名班子的老曲师吴秀松等。“我 12 岁出来，老师们就像我的爷爷辈，对他们比对父母还爱，我跟他们多少年，一直到我 39 岁”，老师们才一一凋零，小宋先生 1988 年过世，昆曲衰微，他困厄病亡，临终前最大的执念是自己“文革”中被抄走、一直未被归还的一套《九宫大成南北词宫谱》。

朱继云后来一直在江苏省戏校担任老师，直至退休。

新世纪里，昆曲热闹大戏中最惹人注目的事件便是白先勇主持制作、苏州昆剧院出演的“青春版《牡丹亭》”，其诸种革新引发的传播效应跨越次元。这是充满争议的改革，也有不乏非议的守旧。顾笃璜而今是年过九旬的世纪老人，当年是曾热衷西洋戏剧的左翼新青年，现在则是昆曲界著名的“顽固”保守派。1982 年他倡议重建昆剧传习所，至今仍携老辈演员及几位年轻子弟全心投入到遵循“传统，传统，再传统”的昆曲表演范式重建之中，拼尽一己之力。

昆曲数百年，戏中人比曲中事更像戏，故事还在继续，这也是苏州故事。

园林甲天下，何以是苏州

文 刘珊珊 黄晓
绘 Paprika

园林是古代文人诗意栖居的实体空间，
包容了建筑、绘画、书法、戏曲的中国园林，
堪称“艺术中的艺术”。
富庶的经济基础与优越的自然环境成就了江南园林之盛，
而苏州园林更因其开放包容的精神成为江南之冠。
当你在苏州园林曲折的巷径中穿行，
既是阅读一部流淌的文化史，
也是走进中国传统美学意境的历程。

2500 年前，吴王夫差迎娶越女西施进宫。也许是为了让西施在吴地看到越溪美景，夫差在太湖旁的姑苏台上大建园林，“作天池，池中作青龙舟，舟中盛陈妓乐，日与西施为水嬉”。池畔的游廊用厚梓木铺成，称为“响屧廊”，西施着木底鞋行走其上，声韵清幽，宛若琴音。西子脚下一连串的足音不仅回荡在姑苏台的春宵宫中，也在历史上一路流传下来，成为人们对苏州园林最初的想象。

时光流转，今天的苏州宛然成为中国园林、尤其是私家园林的代名词，有“江南园林甲天下，苏州园林甲江南”之誉。园林是古人生活不可或缺的一部分，上至帝王将相，中至士宦商绅，下及耕樵贩夫，莫不有园亭草木的营筑或培育；在全中国，园林的分布北达边塞，中遍九州，南及闽粤。

苏州园林何以能从众多园林里脱颖而出，成为中国园林的代表？当人们游赏着一座座苏州园林，为它们的精雅倾倒之余，心头常常浮起这个问题。

园林之城不是一天建成的

在夫差建“响屧廊”的时代，北方的君王正在园中高筑灵台，期待与天上的神仙相通，园林是他们祈求上天庇佑与长生不死之地。苏州园林则不同，从一开始就着眼在人间，专注于现世的享受和对精雅生活的追逐。

这种淡薄权势、潇洒生活的态度，似乎从最初就与吴文化相伴。苏州是吴文化的核心，其历史可追溯到商朝末年的“泰伯奔吴”。作为长子，泰伯三让王位给弟弟，千里南奔，创立勾吴，百姓尊其为“让王”。孔子在《论语》中称赞：“泰伯，其可谓至德也已矣。三以天下让，民无得而称焉。”不过尽管儒家给予泰伯最高评价，泰伯的禅让之心却可能更贴近道家思想。超然放旷，忠于自我的理想，在以后的数千年里，逐渐凝聚为苏州园林的哲学主题。

从吴王夫差的楼台阁榭，到今天的半城园亭，中间并非毫无起伏。夫差的爱情以悲剧告终，苏州的园林也从此一蹶不振，持续了近一千年的低潮，将园亭之胜的风头让给了北方的长安、洛阳，江南的金陵、会稽。当时恐怕没有人会想到，太湖边的这座姑苏小城，以后会成为中国园林的胜地。

苏州园林再次兴盛是在两宋。南宋渡江，虽是中国历史中的大不幸，却成为江南文化的大幸运，中国园林从此进入了“江南时代”。在南宋都城杭州，环绕西湖和东南郊的钱塘江兴建了百余处园林。太湖南岸的湖州，山水清远，也有园林数十处。排名第三的便是苏州，与杭州、湖州鼎足而立，园林遍布城内、石湖、尧峰山和洞庭东、西山。

明代是苏州园林的最高峰，它一跃成为中国私家园林的首席代表，这一盟主地位此后再未动摇。明代竟陵派领袖钟惺说：“予游三吴，无日不行园中。”清代文学家沈朝初则赞誉“苏州好，城里半园亭”。我们今天熟悉的拙政园、留园、艺圃、环秀山庄、网师园等都是明清时期的杰作。

根据光绪《苏州府志》对历代苏州园林的统计：先秦 6 处，汉代 4 处，南北朝 14 处，唐代 7 处，宋代 118 处，元代 48 处，明代 271 处，清代 130 处。数字勾勒出苏州园林盛衰起伏的轨迹，同时也印证了它在明清达到鼎盛的事实。

成为园林之城，苏州拥有地理上的优势，周围俊秀的山川与吴地多水的环境是其天然沃土。虎丘、灵岩、天池、穹窿等连绵诸山，太湖、吴淞江、娄江等河湖水系，构成典型的水乡风貌；城市内外河网交叉，交通便捷，引水便利；同时气候温和，雨水充沛，适宜植物生长，为园林兴建提供了得天独厚的自然条件。此外，苏州人心灵手巧，工艺卓越，寄情于书法绘画、雅玩清供和戏曲茶艺，并有代表江南最高木工技艺的香山帮；容纳了这一切艺术的苏州园林，

苏州园林之诗意栖居，在拙政园见山楼可以一窥。其楼三面环水，两侧傍山，建筑清丽，花木繁多。登楼可纵览全园，又可眺望远山，将园林与山林相连。
供图 / 视觉中国

苏州园林何其多，你想去逛哪一座？

2018年，第四批《苏州园林名录》公布，苏州园林总数达到108座。排除周边市镇以及属于企业或私人的园林，市内可供参观的有近20座，其中8座入选《世界遗产名录》。众多园林，单看目录就已眼花缭乱，若只择几座参访，你该怎么选？

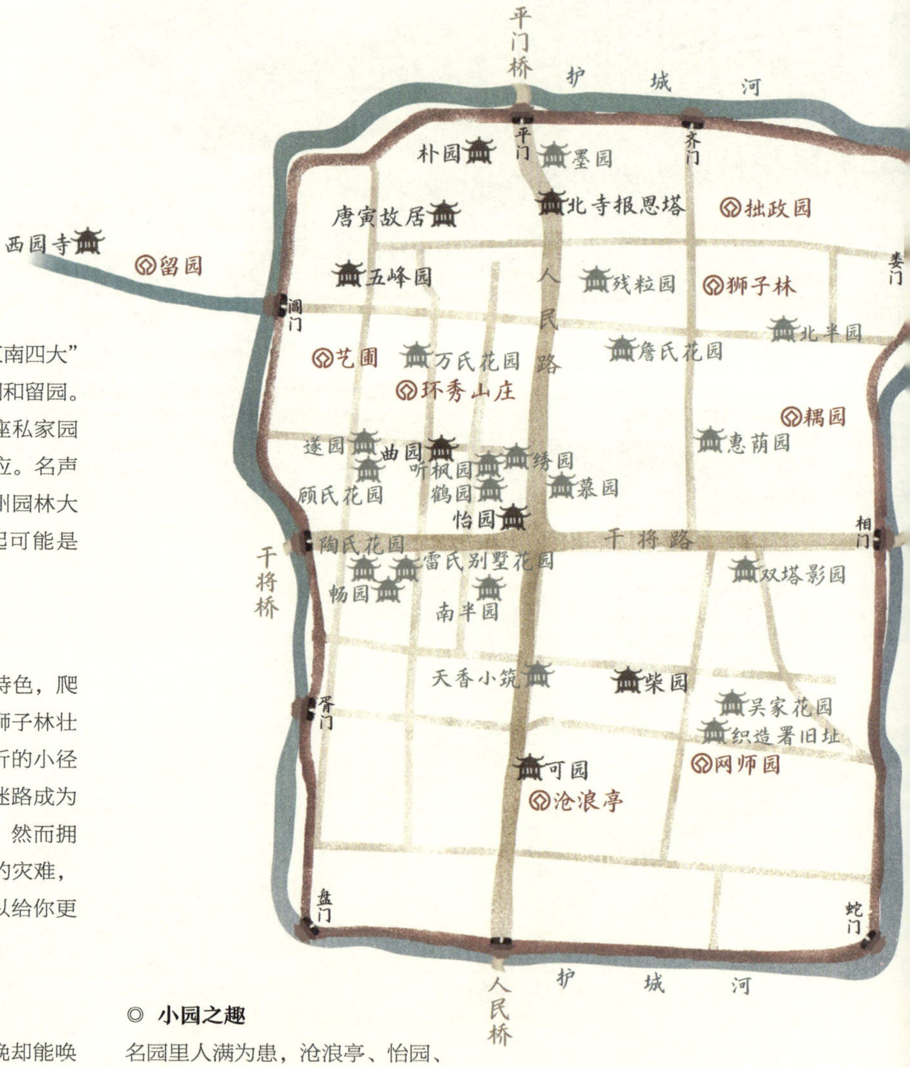

◎ **天下名园**

在园林界“中国四大”“江南四大”的榜单上，少不了拙政园和留园。苏州占地面积最大的两座私家园林，在古城内外遥相呼应。名声最大，游人也最多。苏州园林大多早上7:30开园，早起可能是唯一的解决办法。

◎ **城市山林**

假山奇石是中国园林的特色，爬山钻洞的冲动大可以在狮子林壮观的假山群中宣泄，曲折的小径和层出不穷的山洞，让迷路成为了这里最有趣味的经历。然而拥挤的人群是探幽山林时的灾难，小巧的环秀山庄或许可以给你更加曲径通幽的体验。

◎ **锦衣夜行**

白天的园林是公园，夜晚却能唤醒它“私园”的本质。每年4–11月，网师园开放“夜游”，同时还有昆曲表演，黑夜里的实景演出让人有穿越之感。冬天没有“夜游”，但日落较早，在闭园前进入，静待夜幕降临，亦可得其韵。

◎ **小园之趣**

名园里人满为患，沧浪亭、怡园、可园、五峰园、天香小筑等小巧园林却可能是避开人流、体验园林本味的所在。清净无人时，园林里的天地似也成了游览者自己的天地。想象自己是园林的主人，去发现造园者的精巧心思。

世界文化遗产
对公众开放园林
限制开放园林

因而也得到极大的发展，成就非凡。

不过，环绕着太湖的嘉兴、无锡、常州，也具备这些优势，也都有出色的园林。为何苏州园林能够格外兴盛，占据首席？

包容天下，甲于江南

除了自然条件，苏州园林的崛起或许更加依赖其开放包容的精神。遥想勾吴立国之初，泰伯本人就是奔逃至此的外人，却能得到百姓拥戴，率民建邦。苏州始终敞开胸怀，迎接各地的人才。沧浪亭建有“五百名贤祠”，所供596位名贤来自全国各地，成为苏州海纳百川、兼容并蓄文化品格的集中体现。

这一品格也体现在造园上。苏州的造园者固然有许多本地望族，如明代王鏊家族的真适园、且适园和从适园，徐氏家族的徐默川园、徐泰时园和徐子本园，文徵明家族的停云馆、玉磬山房和药圃等。但在此安居的外乡人亦为这座园林城市增色甚巨。苏州存世最早的沧浪亭就出自外乡人之手，北宋时四川人苏舜钦在苏州建造了沧浪亭，园中五百名贤祠就是因他而起。此后各地名士在苏州造园者不绝，如元代信徒为天目山的天如禅师建造狮子林，清初山东名士姜埰父子建造艺圃，清中期浙江孙均建造环秀山庄，清末浙江朴学大师俞樾构筑曲园……苏州园林荟萃了全国文人名士，他们在此找到身心的归宿，也带来了各地的文化艺术，使本来就有深厚积淀的本土传统获得不尽的活水滋润，共同成就了苏州园林的新意迭出，精彩纷呈。

若对单座园林细细品味，更能发现旧日楼阁中复杂纷呈的文化史。苏州园林中，论及规模之大、名望之高、遭际之复杂，首推拙政园。16世纪初始建至今，易主不下十次，充满传奇色彩。

拙政园的始建者是有“铁冠仙吏”之称的王献臣，他壮年回乡造园，在园中居住长达30年之久。王献臣邀请艺坛盟主文徵明参与拙政园的设计与建造，之后又请他为园林作记、题诗、绘图，传为佳话。可惜王献臣卒后，其子一夜豪赌将拙政园拱手徐少泉。

明末清初，诗坛领袖钱谦益在拙政园构筑曲房，与“秦淮八艳”之首的柳如是双宿双飞；园子后又归大学士陈之遴，其妻徐灿为著名词人，堪称名园佳人两相得。康熙初年拙政园园主是吴三桂的女婿王永宁，三藩平定后改属道台衙门，割裂为东、西两园。乾隆年间西园归太史叶士宽；东园归太守蒋棨，又归海宁查氏，再归平湖吴氏。咸丰年间太平军占据苏州，李秀成将两园合并，作为忠王府后园。清军收复苏州，西园还归叶氏，后归张履谦；东园作为巡抚

狮子林一隅。花木是园林中不可缺少的要素，线条姿态以苍劲柔和相配为主，故能与山石、房屋、水面相结合，构成江南园林独特的风格。摄影 / 焦青

留园。明人文震亨在《长物志》中说："石令人古，水令人远，园林水石，最不可无。"太湖石瘦、漏、透、皱，道法自然，浓缩天地，是最能代表园林意境的景物之一。摄影 / 陶源

衙门花园，后归八旗奉直会馆。新中国成立后将东、西两园合并，1955 年并入东邻"归田园居"，结束了拙政园的分合割据史，形成今天东、中、西三部分的格局，总称拙政园。

拙政园的众多主人里，王献臣、徐少泉、叶士宽、张履谦是苏州人，钱谦益、蒋棨来自附近的常熟，陈之遴、王永宁、李秀成、查氏、吴氏则是外乡人，典型体现了苏州园主的多样性。因为有初代园主王献臣长居三十余年的经营，以及一代宗师文徵明的园记、园诗和园图为后来者的拓建改筑提供指导，这就使历时 500 余年的园史演变有了方向。虽多次转手，屡经改造，拙政园并未变得支离破碎，它的条理反而越来越清晰，主题越来越明确。

造园如作文：起承转合中的园林美学

晚清学者俞樾曾评价"名园拙政冠三吴"，而今游人到苏州，第一站必去

从艺圃浴鸥门向内看去，斜对着另一个圆形门洞，通往芹庐小院。两门既相互呼应，又互相隔障，方寸之地，园中有园，富于层次而无壅塞局促之感。摄影 / 殷启民的就是拙政园。今天游览拙政园，需从东面的“归田园居”入园，走过大片新建的景观，由梧竹幽居进入，其实颇有“不得其门而入”之憾。

造园如作文，而游园则如读文观戏，倘若弄错顺序，不免难品佳作深韵。王献臣确立了“拙政”的主题，以此表达远离腐败朝政的理想。园中主景皆围绕这一主题展开，起承转合，自成一篇绝妙的大文章。要理解拙政园的布局之妙，一定要以中园南部的腰门为起点。当年王献臣等园主都是从南面的住宅出发，穿过狭长的巷道，从这里入园。

从腰门进入，迎面是一座黄石假山，掩映住园景，山北以曲水环绕，景致清幽。这是古代造园的常用手法，所谓“开门见山”。拙政园这座假山位于腰门和主厅之间，其非凡之处在于设计出 5 条路径：一是从上部山间翻过，二是从下部山洞穿过，三是自山右绕行，四是沿山左绕行，此外还可循游廊而行。对长期园居的主人来说，四时朝暮，风雨晴晦，以不同的路径入园，可贴合不同的心境，生动诠释了“园日涉以成趣”的内涵，并使拙政园的开篇于常规中透出新意。

穿过假山来到北面主厅远香堂。堂名取自北宋周敦颐的《爱莲说》，“香远益清，亭亭净植”，堂北池中植莲，寓“出淤泥而不染”之意。紧邻远香堂，西北为倚玉轩，轩旁种竹，寓“君子如玉”之意。这两座建筑共同呼应了“拙政”的主题，象征着园主的高洁风骨。远香堂是座四面厅，四边皆为落地门窗，能够最大限度地欣赏远近景致。南向为近景，隔着狭长的曲池可欣赏入园所经的假山。转而向北为中景，堂北设临水平台，池岸平直，堂内堂外皆可宴客；池面开阔，向北可欣赏漂浮在水上的三座岛屿，象征海上的仙山。西面两座岛屿的交接处低矮平缓，露出西北角的远景，是一座两层楼阁。远香堂将所有景致绾结起来，从而不只在堂名上，更在布局组景上，成为全园的主堂。

从倚玉轩西北，有三折石桥通向池中岛屿，引人步入仙境之中。这三座小岛东西一线铺开，西边小岛上建荷风四面亭，立在水中央，炎炎暑夏荷花绽放，送来阵阵清凉。登上中岛，山顶建雪香云蔚亭，周围栽梅树，到了冬季白雪映目，梅香扑鼻，意境清绝。跨过陡峻的峡谷为东岛，山顶点缀六角待霜亭，周围种橘树，唐代韦应物诗曰“洞庭须待满林霜”，引人畅想秋日霜降后，橘红似火的明艳场景。三座岛上的建筑和花木，将夏、冬、秋三个季节展示得淋漓尽致。

继续向东又穿过一座三折石桥，来到东岸。岸边是四角方亭梧竹幽居，从这里沿池面向西眺望，南岸是远香堂和倚玉轩，北岸是荷风四面亭、雪香云蔚亭和待霜亭，两岸景致交错呼应，彼此对话，远处尽头是苏州的标志建筑北寺塔，构成绝佳的借景。人们在此地品赏流连，应接不暇之余也暗暗生出疑惑：沿三座小岛走过了夏冬秋，然而，春天在哪里呢？

倒影楼
见山楼
与谁同坐轩
别有洞天
荷风四面亭
宜两亭
香洲
玉兰堂

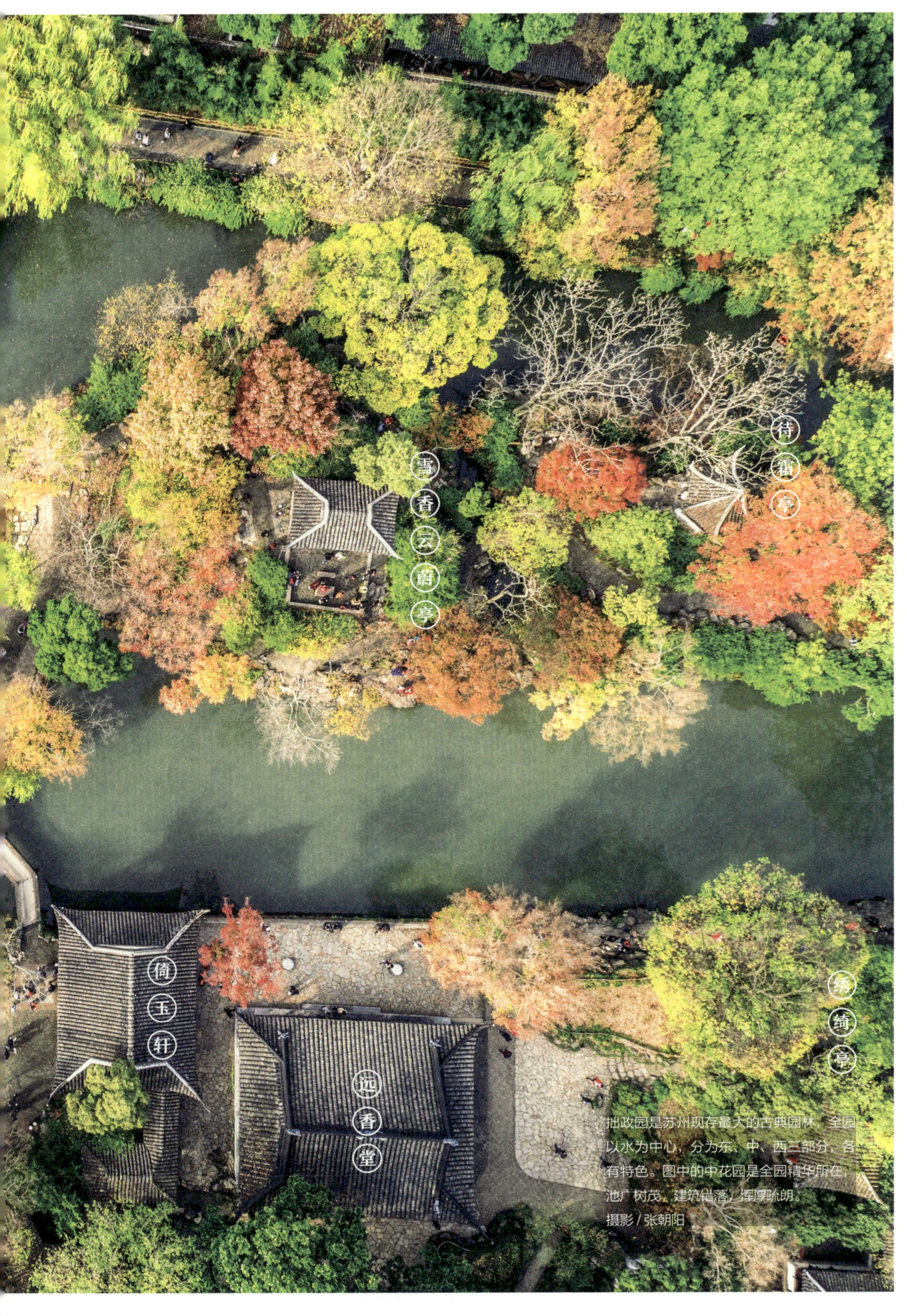

拙政园是苏州现存最大的古典园林，全园以水为中心，分为东、中、西三部分，各有特色。图中的中花园是全园精华所在，池广树茂，建筑错落，浑厚疏朗。
摄影 / 张朝阳

拙政园漏窗图案精美，各不相同。向外望去，空间似隔非隔，远处景观若隐若现。别有洞天半亭后露出园外北寺塔，构成绝佳的借景。摄影 / 陶源

小飞虹是拙政园的经典景观，朱红色桥栏倒映水中，水波粼粼，宛若飞虹。远处荷风四面亭、见山楼交错迭出，空间层次深远。摄影 / 陶源

由梧竹幽居沿溪流向南，来到海棠春坞，恍然发现，原来春天藏在这幽静庭院中。院北是两间小轩，向南正对院墙，以粉壁为底，前置翠竹与湖石，上嵌书卷式砖额，题有“海棠春坞”四字，俨然一幅精致的册页小景。庭院两侧各种一株海棠，花开时节格外动人。尤见匠心的是，庭院铺地采用四瓣海棠式，这就可以使春天常驻院中，供人体会时序的轮回转换。

海棠春坞既补足了三岛的季节主题，又成为东部内园的续曲，使全园景致脉络相连。这处内园位于远香堂东南，以山景为主。西北两侧围绕着起伏的云墙，山体在云墙两侧绵延，山顶建绣绮亭，可眺望主园和内园的景致。内园也有一座主厅，称玲珑馆，坐东朝西，馆内悬“玉壶冰”匾额，取王昌龄“洛阳亲友如相问，一片冰心在玉壶”之意。王献臣曾在北京做官，归隐苏州后造园，恰与诗中之意相合。玲珑馆的窗棂和屋前铺地皆用冰裂纹式，以突出“冰清玉洁”的主题，从而与园名“拙政”和主堂“远香”构成呼应。

同样构成呼应的，还有位于远香堂西南的另一处内园——小沧浪，取屈原“沧浪之水清兮，可以濯吾缨；沧浪之水浊兮，可以濯吾足”之意，表达不与世同流合污的心志。小沧浪以水景为主，沿水布置亭榭。池水向南蜿蜒深入，最深处为小沧浪水阁。站在阁前北望，右前方的松风水阁挑出水面，迎面有小飞虹凌波横跨，其北香洲画舫微微前伸，锁住水口，远处荷风四面亭、见山楼交错迭出，景致层次丰富，构成与梧竹幽居前的东西视廊相互交织的南北视廊。

从小沧浪望见的见山楼，是全园的压轴之作。这座曾在远香堂匆匆一瞥的高楼，游赏至此，方能体会它在全园的地位。由小沧浪沿香洲向北，穿过柳荫路曲长廊，尽头是见山楼，取陶渊明“采菊东篱下，悠然见南山”之意。这座楼阁立于池中，为全园制高点，登到楼上既可纵览全园景致，又能向西北眺望虎丘风光，将城内园林与城外山林联系起来。

王献臣的拙政园充满丰富的人生隐喻。从腰门入园，穿越假山抵达远香堂，在此可周览四围景致，俨然青年时期拥有的无限可能。向北沿小岛走过四季，看遍人生的万千风景。东南角的山园阻断了前程，令人徘徊踌躇；西南角的水园逶迤曲折，则可供人纵情江湖。最后以陶渊明的高蹈远举作为结束。园中的数十处景致，虽然曲折辗转却一气呵成，与种种隐喻结合，成为“富有意味的形式”，耐人寻味。

风尚的引领与回归

崇祯七年（1634 年）常熟名士沈春泽做客苏州，住在文震亨的香草垞。香草坨位于苏州高师巷，是一座精雅的名园。园主文震亨出自吴门世家，他的曾祖正是协助设计拙政园的文徵明。但沈春泽此行并非为了游赏园林，而是应邀前来为文震亨的新书《长物志》作序。

《长物志》共十二卷，分别论述室庐、花木、水石、禽鱼、书画、器具、衣饰和香茗等，大多与园林或园中的陈设有关。“长物”出自《世说新语》，有“多余之物”的意思，文震亨以此为书名，表面是说书中所写皆非日常生活所需，实际则指这些东西属于更高层次的精神需求，绝非“多余之物”。

沈春泽在序里问文震亨：“你们文家从文徵明太史起，醇古清雅，领袖吴中已近百年。吴人的巧心妙手，大多传自文家。您的园林令人不胜描画，您的生活令人仰慕歆羡，您又何必再费笔墨，把它们写下来呢？”文震亨回答：“我正是怕苏州人的心、苏州人的手慢慢地变。如您所说，书里写的都是无足轻重的闲事长物，可万一将来又开始流行，人们已经不懂了怎么办？所以我要写下来，告诉人们什么是好的东西。”

曾经苏州引领天下风尚，靠的便是文震亨这样有着良好修养的文人、画家和造园家们。同样一群艺术家，遵从着同样的审美理论，运用着同样的物质素材，创造出风格一贯的艺术作品。

曾经苏州因其对各方人士的包容接纳，成就了文化的深厚博大；如今苏州的名家又去往各地，将这种文化传播开来。明清江南许多园林都是由苏州的匠师设计、文人作记或画家绘图，如镇江张凤翼的乐志园出自许晋安之手，扬州郑元勋的影园出自计成之手，常州吴亮的止园出自周廷策之手；无锡秦燿的寄畅园由苏州文坛领袖王穉登作记，止园由吴门画派的传人张宏绘图……进入清朝，随着康熙、乾隆等皇帝的南巡，苏州园林的影响又从江南扩展到北方，成为皇家园林的效仿对象。

苏州园林的声誉一直延续到现代，中国第一座落地海外的古典园林——1979 年纽约大都会艺术博物馆建造的明轩，便是模仿苏州的网师园，由苏州的工匠建造。在西方，人们将教堂称为大艺术，因其包容了雕塑、绘画、音乐，堪称“艺术中的艺术”。中国可以称作大艺术的，非园林莫属。诗歌、绘画、书法、戏剧、音乐等种种艺术，都与园林息息相关，成为中国人诗意栖居的一部分。

一座古城，半城园亭。“园日涉以成趣”体现了古代中国人对于美好生活的诗意创造；“门虽设而常关”却成为现代都市中奔忙日常的写照。归去来兮，当人们心中对生活的向往日益觉醒，精巧的园林与其承载的雅致文化，终将再次回到生活和日常。或许，这便是人们为何要去苏州，去苏州为何偏爱园林的原因吧。

沧浪亭为苏州现存最古的园林，初建时即以“崇阜广水”为特色。如今园外水面依然宽广，借入景中，欲断还连，可谓“不着一字，尽得风流”。摄影/曹晓芳

真趣：解构乾隆眼中的狮子林

◎ 清 钱维城《师林全景图》（局部） 藏处不详

“理水”是园林最主要的营造手法，苏州园林多以水池为中心，辅以山石、亭阁、花木，组织出多变的景色。

于水池一角架桥，划出以小片水域，增加层次、景深，使人有水源深远之感。又临山石，可衬其峥嵘。

狮子林起初为寺院园林，其名亦取诸佛教。后寺园分离，园入私家。清初，入口在侧南，门外为佛寺。

经历代修葺，狮林格局屡变，旧貌依稀画中。此处池岸今已不存，因水面扩张，池岸退到更北的石舫、真趣亭处。

廊，连结建筑和场景，随形曲折，又是风景的导游线。藤蔓植物攀于花架，填补空白，增加生气。

苏州园林中，乾隆对狮子林推崇备至，下江南时屡屡到访，还留下了“真趣”的御笔。乾隆不了解狮子林历代修葺沿革，误以为明代倪瓒《狮子林图》只绘一角，命宫廷画师钱维城作《师林全景图》。通过这幅画作，我们能一窥清初狮子林的风貌。

石洞如隧，穿越到另一空间。画作中山石夸张，不识者或以为是真山水，石洞暴露了人工营造的痕迹。

御诗（书）楼，位置接近于今之卧云室。从外观之，掩于山石，为对景、为配景；身处其室，又可赏周围景色。

亭多建于高处，是供游人休憩远眺之处。它也是园林景观的重要点缀，造园者略施小筑，顿时生辉。

狮子林旧称“五松园”，历代画作都对园中古松有所描绘。苍松翠柏由此成为狮子林景观的重要传承。

狮子林以“叠山”艺术最为特色。有评论家不喜其烦琐凌乱，但单个太湖石中，仍不乏瑰怪的精品。

『不朽的林泉』

文 摄 周仰

一座园林就像一方壶中天地，园中的一切似乎都可以与外界无关，园林内外仿佛使用着两套时间，园中一日，世上千年。就此意义而言，园林便是建造在人间的仙境。

——高居翰（James Cahill）、黄晓、刘珊珊《不朽的林泉：中国古代园林绘画》

如今作为旅游目的地的园林，早已不是数百年前造园者归隐居所的样子，历经损毁和修复——哪怕是根据史料尽力再现，其楼阁亭台，乃至一石一木，恐怕也不是人们心目中“原真的”古迹。然而，哪怕在布局、植被、名称、所有权方面不断发生变化，有一种园林精魂却始终挥之不去。

园林是超脱于凡尘俗世的另一个时空，让人们可以流连其中，寻求灵魂与生命的解脱。在如《牡丹亭》等昆曲经典以及古代志怪故事中，园林总是那个不言自明的大背景——一个“人和鬼神共处一个屋檐之下”的亦真亦幻的时空，它能够满足我们终极的渴望：永生。无论历史如何变迁，只要人类对于死亡的恐惧和对超越死亡的渴望不曾改变，园林在核心本质层面总是一脉相承的。

让目光透过物质的、现实的世界，去搜寻隐匿其中的另一个时空。当阳光照到水中央的一簇植物，或者暮光将逝，或者一尾鲤鱼在稍纵即逝……在这样的时刻，分隔两个世界的帷幕突然撩开，那个隐秘的仙境浮现在眼前，甚至可以被铭刻在底片上。哪怕它同我们的渴望一样无法抵达，但若能在一瞥之中确认这个仙境的存在，或许也可以获得身在其中一般的慰藉和喜悦。

林泉入梦意茫茫，旋起高楼拟退藏。

明 文徵明《拙政园三十一景图》册《梦隐楼》诗

绝怜人境无车马，
信有山林在市城。

明 文徵明《拙政园三十一景图》册《若野堂》诗

瑶台玄圃隔壶天，远在沧瀛缥缈边。
若为移得在尘世，主人身是琼林仙。

明 文徵明《拙政园三十一景图》册《瑶圃》诗

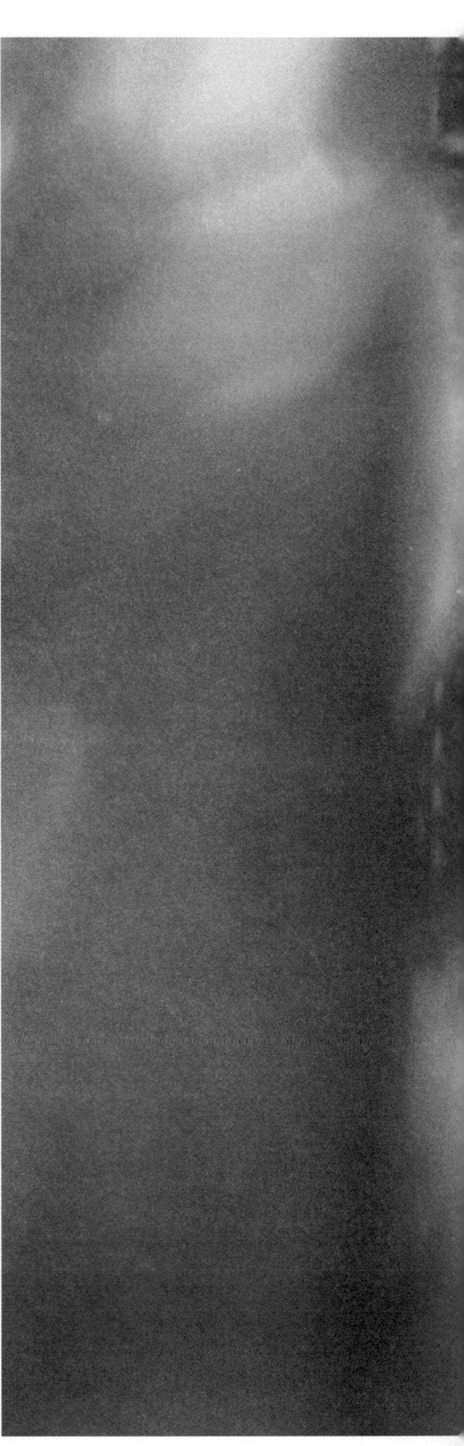

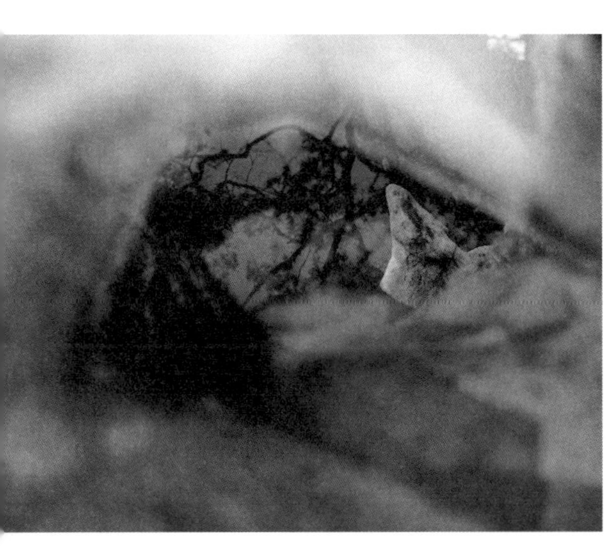

织机声中的城市——丝绸如何塑造苏州

文 刘清源

明代以后，

苏州确立了全国丝绸中心的地位，

随后的数百年里，

丝绸见证了苏州城的沉浮起落。

作为一种产业，

丝绸托起了苏州繁盛的经济，奠定了城市的格局；

作为一种商品，苏州的丝织品引领着古典中国的时尚与审美；

作为一种文化场域，丝绸传统是苏州人的历史记忆，

也是这座城市的文化底色。

苏州是一座古城。漫长岁月里，人的印记不断在同一处限定空间内折叠，便形成了一种记忆的“场域”。在苏州，场域像一组符号，堆叠在青砖黛瓦之中，流淌于古巷运河之内。苏州的场域是多面的，山水园林、文人雅趣造就了她的清丽脱俗，而机声轧轧、缎庄林立则代表了她的市井繁华。作为一种商品，丝绸代表了苏州工商业成就的高峰，将苏州嵌入全中国乃至全世界的中心位置；而作为一种场域，丝绸的符号渗入了城市的血脉，锻造了城市的骨骼，也见证了历史的沉浮起落。

通往“丝绸之府”的漫长道路

丝绸一直是中国最具代表性的物产，古代中国的国际交通路线被称作“丝绸之路”就是最好的证明。博物馆的解说词会告诉你，在太湖流域的良渚文化遗址发现了中国最早的丝织品，仿佛这里从来便是“丝绸之府”。其实，在陆上丝绸

之路最兴盛的汉唐，苏州所在的江南地区并非丝绸的主产区。先秦时，齐鲁地区丝绸业最为发达，所谓“强弩之末势不能穿鲁缟”。东汉末年，蜀锦异军突起，“锦官城”名噪一时，四川成为又一丝织中心。相对于北方和巴蜀的强势，直到两晋之际，衣冠南渡，唐末五代，移民沓来，江南和苏州才迎来了发展的机遇期。

南唐、吴越时期，太湖周边的沼泽完成了排干，苏湖一跃成为“天下粮仓”。农业发达带动城市扩张，来自北方和西蜀的工匠开始聚集于江南。北宋时，江南置有湖、常、润（镇江）、杭四所织局，成为黄淮、四川之外的第三大丝绸产区。南宋时，更在苏州设立了仿造蜀锦的“宋锦织造署”，天下名锦——“宋锦”由此诞生，也拉开了苏州“丝绸之府”后来居上的序幕。

13 世纪，蒙古人的铁蹄横扫欧亚大陆，苏州和江南也卷入大变局之中。种种巨变中最为奇幻的是整个东亚地区纤维作物的“革命”，历史学家乔吉奥·列略 (Giorgio Riello) 把它称为全球范围的“第一次棉纺织革命”。当元末战争的烟云散去，太湖周边竟变成“赛里斯国”里硕果仅存的桑蚕产区。

旧大陆的棉花种植和棉纺织技术都源自印度，11 世纪中亚穆斯林将其改良品种移植到灌溉方便的沙地平原。棉花产量大、易纺织、轻薄耐用等优良特性很快冲击了毛呢和丝绸的消费，并迅速在欧亚大陆扩张，12、13 世纪分由陆上和海上“丝绸之路”传入中国。与此同时，宋元之际的战火绵延于中原和西南，传统桑蚕中心遭遇毁灭性打击。天下甫定，蒙元朝廷开始鼓励利用荒弃的桑田种植棉花，并于多地设立木棉提举司，专务推广种植技术。有元一代见证了棉花种植的大规模扩张和桑蚕养殖的收缩集聚，不久，棉布被确立为“夏税之首”，生产规模远超丝绢。

明朝初年，全国桑蚕产区仅剩下了太湖沿岸和山西潞州两个区域。原本盛产丝绸的齐鲁只剩济南一所织局，而四川只有保宁一地尚有桑田。与之形成鲜明对比的是，一座座气势恢宏的丝织工场在江南拔地而起。在退桑植棉的潮流中，太湖地区一枝独秀。这和它得天独厚的地理环境分不开，太湖流域土壤黏重不适合种植棉花，却很适合种植桑树。桑叶的品种好、质量高，丝货也就质地上乘、价格高。巨大的工场为江南培养了充足的熟练工匠，高品质的丝货与工匠结合造就了太湖地区独步天下的丝织实力，也托起了苏州这座锦绣华美的“丝绸之府”。

织机声声，奠定了今日古城的格局

明清时期，桑蚕养殖大体局限在吴淞江、钱塘江、太湖东岸和沿海滩涂所围绕的地带，苏州的区位优势在桑蚕区收缩的背景下愈发凸显。太湖地区丝绸的主

1843 年英国铜版画中缫丝的场景。历史上，中国被西方国家称为“赛里斯国”（丝绸之国），画中欧洲面孔的缫丝女子神色安详内敛，江南是令人向往的“天堂”。绘画 / 阿隆姆

这套版画出版的年代，鸦片战争刚刚结束，中国步入近代史。画中江南富贵之家还保持着王朝最后的体面，深宅大院里，官家夫人挑选着丝绸商人带来的华贵绸缎。绘画 / 阿隆姆

要市场是开封、临清、北京等北方都市，产品都是装船通过大运河向北运输，而苏州城，尤其是城西北的阊门水路，正处在大运河在桑蚕区的“北出口”上。由于经济区位的变化，“苏湖熟，天下足”让位于“湖广熟，天下足”，江南转而依赖从长江上游进口粮食，粮船东下，终点便是姑苏枫桥。丝货的“北出口”与粮食的“北入口”在这里衔接，可谓风云际会。

明初，在苏州西北阊门至虎丘、枫桥的“三角区域”形成了一个繁盛的商业都会。由于扩张过快、财货积聚，嘉靖年间（1522—1566）阊胥街区成为倭寇纵掠的首选目标，地方官绅屡次筹议在此修筑外郭，“俨如半壁，以附大城”。阊门城下，趸批丝货的牙行辏集辐聚，这些牙侩精于范蠡之术，买卖皆有章法。万历（1573—1620）时朱国祯出身湖州，他曾在回乡途中观察到：湖丝名品“辑里丝”每两价格比白丝贵出十分之一，而苏州商人一入手就能辨出真假。商业技术促进了商业集聚，清代浙江巡抚纳兰常安也发现了一个有趣的现象：嘉兴和湖州出产的生丝、绸缎大都在苏州批发而且质优价廉，如果去原产地购买，反而价格昂贵且质量不高。

阊胥的繁荣产生了巨大的消费市场，苏州的富人阶层将服饰的奢侈风尚引向全国。嘉靖进士陈尧谈到家乡风土时，感叹里中子弟崇尚奢侈，竞逐“吴绌宋锦”。所谓“四方重吴服，而吴益工于服”，丝绸消费的增长进一步刺激了苏州民间丝织业的兴起。丝绸贸易带来的商业积聚和丝织工匠的积聚共同改变了苏州城的城区布局。到明末，苏州逐渐形成了城西北的工商业、娱乐区和城东北的丝绸纺织区。

所谓城东北，大致是以交叉在乐桥的内河划分。乐桥东北不远，今天的人民商场附近便是明代苏州织造的所在。后来清初又在城南另建织造府，明代旧织造便被称作“北局”。明代皇帝派亲信太监主持织造，太监们住在北局旁的小巷，就是现在聚集了松鹤楼、得月楼等一众老字号名馆、被苏州人称为“吃煞太监弄”的美食街。而工匠们也聚居在邻近的街区，以北局为中心向东和向北呈辐射状汇集了大批“机房”。万历二十九年（1601 年），太湖水灾、丝价腾贵，苏州城中织工蜂起，朱国祯在奏章中说：“苏民素无积聚，多以丝织为业，东北半城大约机户所居。”

多数工匠只有手艺，而无购置生丝和机张的资本，因此只好聚集在特定的“人才市场”等候机房主雇用。精于薄绢的工人聚集在玄妙观北的广化寺桥，精于锦缎的工人聚集在更东北的花桥，而精于绞经、缂丝的则聚集于乐桥东边的濂溪坊。不过大多数工人还是聚集在玄妙观东侧的“机房殿”，自万历二十九年后苏州多次织工罢工起事都是以机房殿为据点，以致清雍正年间官府于殿内设立《永禁机匠叫歇碑》以警后事。机房殿今已不见，这块石碑也被送至苏州文庙保管，而玄妙观周围诸多丝绸商铺却仿佛让人听到这段历史变奏后的回响。

晚明民间丝织昌盛，经营“机房”而暴富的故事在笔记小说中屡见不鲜。机户致富后凿井修桥、疏浚沟渠，把东北半城开发为整洁风雅的人居佳地。明初时，吴县科举有成的世家地主都喜欢在城西南构建宅邸，一是与本乡相近，其次临近各处官邸堂衙。可到了明末，大宅却陆续迁向了相对偏远的城东北。名园古宅沿着平江河迤逦而北，穿行于小巷之间，你会惊讶于名人故居密集地分布着，那些赫赫有名的文人、学者、科学家居然世代比邻于此，而这一切的源头却是东北半城彻夜的机杼声。

吴门细绮，衣被天下

平江河边的小径向北延伸，直到齐门城下耗资巨万、占地百亩的拙政园。这座天下名园建成后几经易主，清初转到降清的要员陈之遴手上，当时不少政治摇摆的江南名士在此寓居以观察形势，其中就包括大文豪钱谦益。

顺治四年（1647 年）钱谦益涉嫌资助复明而入狱，妻子柳如是为其在南京奔走，其间数次往返苏州入住拙政园。钱谦益的老友吴伟业是陈之遴的亲家，钱受保出狱后便被安置在拙政园“监视居住”，他和柳如是的女儿也是此时出生在这座恢弘的园林。顺治六年，钱谦益回到家乡常熟，柳如是则长期留住拙政园。顺治七年五月，钱谦益赴金华劝说马进宝反清，极为异常的是柳如是只送他到苏州，还是留住拙政园。那年后，二人便再没有常住苏州。对于这一桩拙政园的往事，历史学家陈寅恪有一段有趣的推测：柳如是频繁入住拙政园或与丝绸的海外贸易有关。

根据降清的海澄总兵黄梧供述，郑成功于顺治八年在苏、杭、临清等地设置金、木、水、火、土五大商行，专司采办军需和日本贸易的丝货，并埋设交通线路将这些货物运往福建下海。钱、柳二人与郑成功关系深厚，柳如是在顺治八年以前频频前往苏州，很可能是以大家贵妇的身份从苏州趸购绸缎，以供郑军外洋筹饷。明末清初正值当时“海上丝绸之路”的最高峰，江南的丝线正是撑起郑成功抗清大业的“生命线”。

明末海上丝绸贸易的昌盛源自 16、17 世纪全球范围的“银丝对流”。16 世纪中叶，明朝开始逐步推行“一条鞭法”，赋役统一用银结算，海内银价大增，而同时期西班牙控制的南美和日本的佐渡岛分别发现了超大规模银矿，两下相因骤然释放了日本和欧洲对于生丝和绸缎的购买力。朝廷于隆庆元年（1567 年）

1930年，苏州观前街上的绸缎行“乾泰祥”。明清至近代，这片街区一直是苏州丝绸业的核心地带，工场、商行遍布。时至今日，仍是苏州最繁华热闹之地。
摄影／斯坦利·格雷戈里

丝绸是中国最具代表性的物产，新石器时代以来漫长的发展衍生出种种细类，汉语中也保留了大量专有名词。包括作为成语的“绫罗绸缎”四种在内，根据材质、工艺、外观等，丝绸至少可分为 14 大类和 34 小类。
摄影 / 陈钰曦

开海后，开放澳门与葡萄牙人贸易，另辟漳州月港供闽人出海。在明朝开海的刺激下，1570 年葡萄牙设立长崎商馆，次年西班牙建马尼拉城，以这两处为据点，日本和美洲的白银为了购买生丝和绸缎滚滚流入中国，形成了利润巨大的银丝贸易。

进入 17 世纪，德川幕府锁国、荷兰攻占马六甲等一系列事变迫使葡萄牙退出了东亚，而郑家父子对于荷兰的海战优势使他们几乎垄断了长崎和马尼拉的丝绸贸易。郑成功背父反清，以金厦弹丸之地供养数十万大军粮饷，更兼硝磺铜铁等军备无算，没有利润丰厚的银丝贸易和海外市场作支撑是断难实现的。明末清初的贸易高潮过后，由于南美银矿产量下降和日本本土桑蚕业复兴，海外丝绸贸易进入消退期。18 世纪，茶叶和瓷器代替丝绸成为清朝外贸的主导商品。一直到工业革命和鸦片战争以后，丝绸的黄金时代才再次来临。

永恒的绸都：从传统到现代

阊胥的市井喧嚣与齐娄的机声轧轧都在康乾盛世中达到全盛，作为“江南三织造”之一，苏州坐拥两大织局，汇集天下锦绣。不过此时的官营织造已经不能代表江南丝织业的全局，事实上朝廷大半的用度都是户部拨银由织造向民间机户采购的。在清代的苏州城，大机户与牙行整合形成了叫作“纱缎庄”的大商家，既负责“买丝招匠”也负责销售绸缎。苏州纱缎业在全国首屈一指，全盛时期仅府城中就有一万二千台织机开工。

城外广阔平原上的市镇里，丝绸业也正值巅峰，仅盛泽一镇就有织机八千台。盛泽属于当时的苏州府吴江县治下，直到明天启年间（1621—1627），还仅是一个五十来户人家的“村市”。因为地处江浙交界，又靠近江西粮船停泊的平望米市，明清之际成为了远近闻名的织绸中心。清乾隆年间（1736—1795）的盛泽镇已经是万家烟火、万户机杼，“热闹与郡阊门埒”。清末，临郡嘉兴的机户为了躲避赋税陆续迁移至此，使其愈发繁华。

清代纱缎庄和绸业市镇的崛起，见证了苏州丝绸集聚化乃至工业化的前征，然而随着鸦片战争打开国门以及 19 世纪末法、意、日等国丝绸业率先进入铁机化、电气化时代，面对“洋缎”的技术优势和竞争压力，苏州丝绸进入了危机四伏、应变求新的时代。

苏州的纱缎庄很早便遭受到了来自国际市场的冲击，然而清末民初的机械化尝试却步履维艰。纱缎庄老织工很难适应“铁机”操作和工厂节奏，关键时刻往往还是要回归使用传统木机。直到 1917 年冬，华纶福纱缎庄的两位经理娄凤韶、陆季皋牵头集资，在苏州城东仓街通济桥南，耦园对岸兴建振亚丝织厂，苏州丝绸业的工业化之路终于有所突破。娄、陆二人久在上海打拼，深知工业化生产的理念，从培养工人、设计工艺做起，终于在 1934 年淘汰了全部手拉织机，成为一家完全机械化生产的现代工厂，生产技术达到世界顶级。

工业化的成功伴随着产业集聚的潮流，苏州城里的旧式纱缎庄陆续开始整合资本开设工厂。这一过程在新中国成立之后大大加快，并在“东北半城”形成了以振亚、东吴、新苏和光明“四大丝绸厂”为核心的 7 家大中型国营丝织厂。精美的苏州丝绸是新生政权重要的创汇产品，一匹苏州生产的“塔夫绸”可以从国际市场换回一吨重工业建设紧缺的钢材，因此在计划经济的条件下整个苏州城都围绕着丝绸运转着。到 60 年代中叶，一整套丝绸的科、工、贸、文、教系统在苏州建立起来。尤其在苏州东北城区，现今至少有一半的家庭只要上溯三四代，几乎都与丝绸行业有关，国营丝织厂的辉煌年代成了苏州人重要的集体记忆。

世殊事异，这些庞大的国营工厂在为轻工业发展积累了人才和资本的同时，却难以跟上改革与技术迭代的步伐。2002 年，在贷款的重压下振亚丝织厂破产，仓街与城壕间迤逦数顷的厂房也被夷为平地，今天的通济桥南、耦园对岸又复归于一片萋萋芳草。与振亚厂同年破产的还有西北街的光明丝织厂，加上 1997 年倒闭的新苏丝织厂和 2009 年被吴江鼎盛并购的东吴丝织厂，“四大丝绸厂”皆黯然而去。与之相伴，古城区及周边的织造、印染、缫丝、机配等产能也陆续倒闭或转移，宋元以来乐桥东北的半城机声就此终结于沉寂。

巨大的工厂来了又去，铅华洗尽，留下的是苏州丝绸的文化。今天苏州周边的市镇中，遍布了数十家规模不大却专务于织造精品丝绸和“特种”丝绸的工坊，其中最著名的要数吴江的宋锦和镇湖的苏绣。这些精品丝绸不仅使海内外消费者趋之若鹜，更时常出现在国家外事活动的礼单之中。2014 年北京 APEC 会议闭幕式上，与会领导人集体穿着吴江生产的宋锦服饰亮相，将华美的“苏州元素”重现在全世界面前。2016 年杭州 G20 峰会，创新融合宋锦、杭罗、苏绣的苏州丝绸再次作为国礼。丝绸文化和丝绸科研成为了苏州的标志性产业，宋锦和缂丝技艺更被选为世界文化遗产，联合国在苏州设有专门的文教机构传承技艺。

今天的苏州观前街、平江路一带游人如织，在这片往昔丝绸业的腹心之地上，门店多的是卖丝绸的铺子，园林巷陌里多的是穿着旗袍拍照的女人，丝绸仍然流淌在苏州的“三关六门”之间。丝绸之于苏州，正如丝路之于中国，越来越多地变成一种文化场域，场域里的苏州城是有丝绸质感的，场域里的苏州人是如锦绣般动人的。苏州丝绸从来不只是一种奢华的商品，正如张爱玲在《更衣记》中所写，“再没有心肝的女子说起她‘去年那件织锦缎夹袍’的时候，也是一往情深的”。

苏州城内延续千年的丝绸文化，让这座城市宛如一个具有丝绸质感的华美梦境。古城巷陌的灰黑白色中，流淌着丝绸编织出的缤纷色彩。供图 /FOTOE

乾隆的苏州：从江南到宫廷

文 郑子宁
供图 故宫博物院 等

明清时期，
苏州的物质文明正值顶峰，
器物、服饰、建筑、风俗等方面都引领着时代的风气。
时至今日，
无论是紫禁城内、三山五园里无处不在的苏州印记，
还是早已被传奇化的乾隆下江南的故事，
依然折射出苏州在盛世里的光影。
匠人和他们的杰作在江南与宫廷之间架起了文化的桥梁，
也将苏州文化上升到中国文化的层面。

宫廷画师记录下了皇帝南巡至苏州的情景。市井繁华，沿街彩棚、戏台林立，胥门下身骑白马的正是乾隆，他也是唯一正脸朝向画卷观看者的人物。

乾隆十六年（1751 年）二月廿一日，苏州胥门，春和景明。官员们正紧张不安地恭候着天子圣驾，后边的百姓纷纷伸头张望，期盼着一睹天颜。街边热闹非凡，为皇帝南巡特地搭建的彩棚、戏台随处可见，特地从外省赶来观瞻的民众使城内餐馆、旅舍物价暴涨。虽然皇帝已有旨意不许阻拦百姓表达“爱君之忱”，全副武装的兵丁还是丝毫不敢怠慢，紧紧盯着攒动的人头。

城楼上的兵士比下边的人更加兴奋，“万岁”的欢呼声由远及近传来，远眺旌幡飘荡，运河与外城河早已布满了舟船。岸边的人们朝着最大的那艘船跪拜磕头，船首春风满面站着的中年男子便是乾隆皇帝，他即将人生第一次踏上苏州的土地。

皇帝的南巡

官方记载中乾隆南巡的缘由有很多，河工、海塘、阅武、观风省情……然而，

◎ 清 徐扬 绢本《乾隆南巡图·驻跸姑苏》（局部）美国大都会艺术博物馆藏

◎ 清 带皮青玉月门（局部） 故宫博物院藏

苏作雕工玉器以“小、巧、灵、精”著称。在整块玉石被从中心取走一件碗坯的情况下，苏州工匠用余料琢出了一件微观的江南庭园。摄影/胡锤

皇帝对江南文化的向往以及物质层面上对盛世繁华的喜爱，可能是不被记录在文书档案里的重要方面。

历史学家黄仁宇在《中国大历史》里说：“满清的君主之符合中国传统，更超过于前朝本土出生的帝王。”所谓“中国传统”的东西，大都最盛于江南，尤其是苏州。乾隆崇文，苏州文教最盛，印书最精；喜欢诗词书画，苏州才子大家辈出；喜欢器物文玩，苏州美学鉴赏引领风尚；喜欢听曲，名伶也多是苏州人。

乾隆的日常生活里，苏州印记就更多了。京城之外最重要的宫廷造办机构——苏州织造署就设在盛产丝绸的苏州，内廷服饰在苏州织好锦缎，绣上花纹以后千里迢迢送到北京；把玩或是日用的玉器、漆器、文房用品等也多出苏州工匠之手，或是造办处里的苏州人所制作或是直接来自苏州本地；紫禁城里三大殿铺设的“金砖”产自苏州，颗粒细密，色泽温润，就连紫禁城本身，也是明代时苏州“香山帮”的匠人设计、建造的。

清初，苏州文化对中国的影响已经非常明显，乾隆皇帝无时无刻不处在这种影响的辐射中，他当然是想去实地一看究竟的。此外，还有一个理由，“圣祖”康熙曾六下江南，对于一心想要效法祖父功业的乾隆来说，也是一种不小的诱惑。

御舟经过繁华热闹的浒墅关、阊门、万年桥，到达胥门。宫廷画师徐扬在《乾隆南巡图·驻跸姑苏》中生动地描绘了当时的景象：一对对骑马挎刀的御前侍卫在前开道，九龙曲柄黄华盖下，乾隆帝骑着白马，在御前大臣和带刀侍卫的簇拥下缓辔行进。锣鼓喧天中，接驾的地方官员跪列两旁，观瞻的民众万人空巷。结彩牌坊上书“填街歌舞”，戏台上的戏子拉着“天下太平”的条幅……

《乾隆南巡图》的绘制起于1764年，离皇帝第一次南巡已经过去13年了，可见首次南巡在乾隆心中的地位。画师徐扬是苏州人，因第一次南巡时向皇帝进献画册而被招入宫廷画院。他本是文人出身，入京前为《苏州府志》绘制过当时最为精细的城市地图。1759年，徐扬绘《姑苏繁华图》，把家乡的繁华景象刻画得淋漓尽致。宫廷画师众多，《乾隆南巡图》这样具有特殊意义的大型作品由徐扬担当，苏州在南巡中的分量也就不言自明了。

徐扬绘《姑苏繁华图》的同一年，乾隆奉太后二临苏州。这次，太后对生产宫廷华丽衣裳的苏州织造局产生了浓郁的兴趣，和皇帝一起探视了机房。两年后，《姑苏繁华图》绘制完成。今人用传世文献与画中店铺比对，竟极为吻合，这种纪实性方便皇帝不必亲临，

◎清 乾隆仿古款白玉双耳仙人杯 故宫博物院藏

乾隆热衷美玉，大批苏州工匠选入造办处从事琢玉，精品迭出。现在故宫博物院的三万余玉器，多数为乾隆所藏。摄影/李凡

◎清 乾隆款剔红百子图圆盒（局部）
故宫博物院藏

也能在北京欣赏苏州景色。又过了两年，仿佛还嫌不够，乾隆在同样喜爱苏州的太后七十大寿时，于北京万寿寺紫竹院旁仿苏州山塘街修了一条苏州街，尝试实景复制苏州的风貌。

前前后后六下江南，在南巡次数上，乾隆和祖父打了个平手。南巡经停的“站点”并非苏州一家，但苏州确是皇帝最为钟爱的。三十年（1765 年）闰二月十八日，在南巡终点杭州，上演了一出“宫斗戏”，皇后乌拉那拉氏剪发，与太后反目。皇帝遣福隆安将皇后提前送回北京，翌日与太后自杭州返程。可即便是如此变故，也并没有让乾隆暂时放下对苏州的情有独钟——二十三日抵达苏州后，皇帝和太后竟然又游玩了六天，才依依不舍地离开。狮子林、虎丘、石湖、寒山、灵岩山、木渎……皇帝的行迹遍及苏州各知名景致和繁华市肆。乾隆对苏州的喜爱几乎狂热，多次南巡都要故地重游。

1792 年，人到耄耋之年的乾隆老得走不出宫苑，他在清漪园（颐和园）万寿山北又建了一条苏州街。他实在是太怀念苏州了，和三十年前的初代苏州街一样，这条苏州街仍然是仿自七里山塘。

皇帝对苏州工匠『修旧如旧』或是『修旧如新』能力的信任。摄影/刘明杰

宫廷样，苏州匠

1752 年，乾隆第一次下江南后第二年，宫中出了一件让皇帝有些头痛的琐事。宫廷造办处的刻字玉工朱彩有事请假回籍。

朱彩是苏州人，在十多年前由苏州织造选送入京，手艺精湛。早在 1741 年，宫廷造办处就拨给朱彩官房居住，享受每月四两钱粮银，每年春秋二季十五两衣服银的待遇。

朱彩在北京最主要的任务是刻制《御制九符》册。玉册需要在平整的玉片上以细长的线条精准地组成海水江崖、流云等图案以及篇幅相当巨大的文字，对玉工的技术和体力要求都很高。好的刻工是相当稀有的，而朱彩则是其中的佼佼者。在北京

的十多年中，朱彩刻了不止一套玉册，皇帝对他的手艺非常欣赏，甚至两次允许他在玉册上署名落款，在清朝玉工中绝无仅有。不仅如此，皇帝的玉玺也是由朱彩刻字。对于皇帝而言，良匠难得，而苏州玉工请假后一去不回倒是常有的事，难怪朱彩的这次请假就连皇帝都忍不住亲自过问了。

放眼全国，朱彩那样的顶级匠人恐怕只有苏州才能找到。明清时期的苏州城聚集了巨量的人口和财富，充足的原料供应、大批脱离农业生产的劳动力以及富裕阶层对生活品质的要求，使得苏州出现了大批职业工匠。长期专精使得苏州匠人拥有了远超在农忙之余从事手工业的所谓“农民匠人”的精巧手艺，“苏州制造”由此声名远播。

苏州匠人受宫廷委托制造物品的传统由来已久。清朝在北京设置造办处，宫廷除瓷器和绣品之外的御用品制作、修缮、保养、收藏等皆由造办处承办，其中不乏苏州匠人供职。乾隆中后期，情况发生变化，大量器物经过宫廷设计样式后，交由苏州织造制作，甚至器物的修补、做旧工作同样由苏州本地的匠人承担。苏州俨然成为造办处以外最大的宫廷御用品生产、加工中心。

“苏州制造”尤以玉器、漆器、澄泥砚的制作最为突出。朱彩所属的玉雕行当，苏州自明朝中后期后即为全国中心，宋应星《天工开物》云：“良工虽集京师，工巧则推苏郡。”乾隆热衷美玉，大批苏州工匠选入造办处，精品迭出。他甚至知道苏州专诸巷的玉工技艺最精，多次赋诗夸奖：“专诸巷里工匠纷，争出新样无穷尽。”“专诸巷中多妙手，琢磨无事太璞剖。”宫廷对苏州玉雕的需求促使苏州玉雕工艺上更上一层楼。有时候，甚至皇帝和苏州玉工都有个人层面上的合作关系。苏州玉工徐鸣彩就曾经与皇帝合作，由乾隆设计构图、徐鸣彩雕刻的“青玉炼药仙人图山子”将一块青玉籽料凹陷的天然纹理加工成了山洞中仙人炼药的图景。

康乾时期，又有“广东匠，苏州样”之说，广东产的器物也学“苏作”而称“广作”。时人纳兰常安评价道：“然苏人善开生面，以逞新奇，粤人为其所役使，设令舍旧式而创一格，不能也，故苏之巧甲于天下。”从“宫廷样，苏州匠”再到“广东匠，苏州样”，清初中国物质文化的水平层次，以及苏州文明在全国范围的影响力也就可见一斑了。

乾隆清楚地知道，非得通过这些国内最顶尖的匠人的手笔，才能刻画出他本人以及这个盛世的气象。为了避免像之前的苏州玉工一样不告而别，乾隆特别批复苏州织造给朱彩提供客船，接送他在北京苏州间的往返，并让朱彩在行程中继续雕刻宫廷物件。果然，朱彩在回乡后不久再次踏上了北上之路。根据清宫档案，他至少又在宫廷造办处服务了五年。

看不见的运河

南巡之事，乾隆晚年颇有悔意，认为劳民伤财。其实，下江南本来也不仅是玩乐。乾隆历次南巡都要考察政情，减免税赋。士大夫是皇帝试图产生影响的对象，鼓励士子进献诗赋，开特科考试，抑或是对文坛领袖恩宠赏赐，都牵扯着江南文人的进退与风气。南巡给当地带来了一些客观的影响，比如疏通运河、修缮御道、市政工程等。地方官员们希望把最好的东西呈献给皇帝，则促进了不少文化发展。比如戏曲方面，乾隆要求“南巡时须演新剧”，刺激了创作，街上戏台演剧不绝，也颇有宫廷戏下民间的作用。

乾隆所到之处，多留下御诗、御笔，至今都是当地景观可加利用的资源。南巡期间种种逸事最为苏州人所乐道。今日苏州许多点心都自称与乾隆颇有渊源，实则故事老套，说乾隆微服私访偶遇，大为赞赏之类——皇帝倒成了什么都吃的民间美食家。最终，爱看戏的乾隆也难逃被写成戏的命运，清朝时就有佚名作家创作了颇具野史风味的小说《乾隆游江南》，清亡后各种舞台剧、电影、电视剧的戏说更是不绝。似乎高高在上的皇权和江南“温柔乡”之间的冲突与张力，总能引起人们无限的兴趣和想象。

◎清 黄色缂丝凤梧牡丹图面紫檀木雕字柄团扇 故宫博物院藏

借由运河勾连，北方的政治中心和江南的经济文化中心结成了奇妙的命运共同体。文化是苏州和京城之间看不见的运河。早在 16 世纪，苏州已经显现出强大的风气引领能力，以苏州为代表的江南文化强烈地吸引着乾隆这样的北方统治者，来自宫廷的欣赏则进一步推动了苏州文化的影响。

乾隆喜欢吃苏州菜，南巡时带回不少苏州厨子，最有名的当属苏州织造普福的家厨张东官。乾隆的每日膳单中第一道菜必署名为张东官，即便是居住在圆明园和避暑山庄等地时，也要带上张东官备膳。因为皇帝的喜爱，整个宫廷都开始“苏化”，皇宫中甚至设有专门的苏州厨房——苏造（灶）铺，专营苏州菜，诸如苏造肉、苏造肘子、苏造肠、苏造丸子等。

与朱彩不同，皇帝对张东官颇为温情。1784 年，乾隆最后一次南巡，七十多岁的张东官腿脚已不灵便，被恩准乘马随行。行至苏州灵岩寺行宫，皇帝向苏州织造下旨：“膳房做膳、苏州厨役张东官，因他年迈，腰腿疼痛，不能随往应艺。万岁爷驾幸到苏州之日，就让张东官家去，不用随往杭州。回銮之日，亦不

◎清 浅绿色缎绣博古花卉纹女棉袍 故宫博物院藏

◎清 红色缂丝梅花鸟图面象牙雕八仙图柄团扇 故宫博物院藏

苏、杭、宁三大织造署中，苏州以缂丝、刺绣工艺最精。故宫所藏成衣、袍料、匹料、绦带、活计以及织绣画中多有苏州织造所成产品。摄影 / 余宁川（左）、王琎（中、右）

江南园林建筑可以搬进宫廷，气候植被却难复制。宁寿宫花园里这座从整体形制到细部构件都以梅花为题的碧螺亭，正是对江南冬景的仿写。摄影 / 任超必叫张东官随往京去。”一代名厨得以善终。张东官的拿手菜苏造肉后来流入民间，穷苦人吃不起，便将其制作手法用到了便宜的猪内脏上，再就上火烧，便是今天北京名吃——卤煮火烧。

吃食之外，乾隆对苏州景色的仿写也是颇为有趣的一例。1751 年乾隆首次南巡时，曾两度游览寒山千尺雪。回京后，“独爱吴之寒山千尺雪”的皇帝旋即在西苑南海的淑清院仿建，取其假山乔木之形似，然而此景“乏天然”之趣使乾隆颇感遗憾。同年秋，乾隆驻跸热河，发现避暑山庄内有一溪“飞流漱峡，盈科不已”，于是又“作室其侧”，以千尺雪命名。山庄“千尺雪”固然“天然之趣足矣”，但皇帝又嫌它缺乏“松石古意”相衬。次年春，乾隆驻跸盘山静寄山庄时又发现一处山水极似寒山，三命临水建筑。等到冬天再次驻跸时，庐屋竣工，窗外山泉交汇，奔流于石罅，激起白浪如雪，皇帝兴奋地赞叹：“寒山千尺雪固在是间！”意犹未尽的乾隆将四处“千尺雪”分别绘图，合装分贮。千尺雪外，皇家风景对苏州的模仿还有很多，在园林方面更是不胜枚举，可以说是“北漂”的江南。

时至今日，运河南北苏州、北京的文化互动似乎减弱了，人们能想起来的关联，除了文物古迹，或只停留在味觉上——诸如京、苏“稻香村”正统之争。近代以来种种变局，颠覆了古代中国的文化地理。世人瞩目的焦点从苏州移到了东边不远，曾经只是苏州外港的上海。今日人们时常论及的不再是北京与苏州，而是北京与上海，甚至连苏州的规划也反复强调如何和上海对接。

从苏州到上海，与其说是苏州的衰落，不如说是苏州的再生。一个同样说吴语的地方接收了苏州的经济基础、雅致时尚、匠人精神，并延续了历史上南北文化对流的过程。盛时的苏州，不仅是那些被锁在故宫深院或是博物馆玻璃柜里的老古董，它也发生在日常的话语里、物件里、民间记忆里。乾隆的苏州不是悄无声息了，因为那些盛世里的气象，早已积淀为中国人文化基因的一部分而深入人心。

姑苏城，神怪贪恋的红尘地

文 朱珐 供图 于祥 等

孔子登泰山，
一眼望见苏州城外一匹游走的白马；
同行的学生颜回，
用尽全力也没能看清，
反而耗尽心力而亡。
圣人与普通人眼里的苏州城，
是否有什么不同？
论及天地间的神仙、鬼怪，
他们眼中的苏州又是什么模样呢？

我们需不需要更不寻常的视角来看苏州？包括那些超凡入圣的方式、仙风道骨的眼光、神乎其神的评价、鬼灵精怪的表达、魔的幻的描写、妖的魅的说辞……仔细探究会发现，人之外的某些存在，对苏州也有着不全然一致的纷纭印象。

超能力：登泰山望见苏州

两千五百年前的圣人孔子，当然不是一般的人物。按照《孟子》的记载，昔日孔子先后两次登山："登东山而小鲁，登泰山而小天下。"升上高峰，圣人在相对高度和绝对高度上都逾越了其他所有人，站在了一个与自我相衬的位置上。在低矮的东山上，整个鲁国都已然尽收孔子眼底了；至于登上了更高拔的泰山——须知在上古，泰山为五岳之首，是汉文化中本土最重要的一座山，乃是沟通三界、上迫天穹而下连地府的神圣之山——那么，整个世界都被孔子视若一个微小的模型，历历可辨，而又居高临下，一切无不在指掌中。

桃花坞年画是苏州民间传统美术，题材涉及祈福迎祥、驱凶避邪、时事风俗等。年画中可一窥苏州的民间信仰和风土人情。图为桃花坞年画中的门神——秦琼、尉迟恭。

后来汉代的一些文献写道，正是在泰山上，孔子向南眺望，竟看到了苏州城！苏州城成了儒家亚圣——孟子所称许圣人孔子“小天下”的具体指证。在泰山之巅，那个时代人们所认知的天下最高的地方，孔子看到的“全天下”不是一个抽象的词，也不是云遮雾障的四处茫茫，而有着静默的城池和移动中的动植物——那是挂在马头前，供马儿途中食用的一束青绿的芦柴。是的，孔子在泰山上唯一提到的就是苏州：一匹行进中的白马，正走在苏州城外。

当然，苏州与泰山相隔千里之遥，孔子抬眼能见，这是古人所谓圣人与凡人的不同之处，“千里眼”想来是圣人的标配。在《孔子家语》里，与孔子一起登临绝顶、一览众山小的，还有他最器重的弟子颜回。后来颜回早早去世，这让孔子对天道、自己以及这个世界一下子绝望了。而颜回之死，汉人认为与这次泰山之行有关，而孔子这位至圣先师也要负一定责任。

原来，先前孔子见到苏州阊门外的那匹白马，一高兴就扭头跟颜回说：“能瞧见没？”颜回这位聪慧的好学生耗光了他毕生的生命精华，欲穷千里目，强力去看，影影绰绰，跟老师说看到了，看上去像是“匹练，前有生蓝”——也就是白色的绢，前端看上去已经被染成了蓝印布。竭尽全力，还是有色差啊，而且还把生机勃勃的白驹看成了白绢。孔子这才反应过来，连忙用手去遮住颜回的眼睛，让他闭嘴并闭眼。可是，已经来不及了，下山之后没过多久，颜回的头发全白了，牙齿也掉光了，后来就死了。

在孟子被称为“亚圣”之前，是颜回长期居“亚圣”之名。所以，有理由怀疑，并未早夭的孟子对这件事，以及这种从泰山望见苏州阊门的超能力，比我们知道得更多。而且，他想必也并没有完全具备像孔子那样的水准，所以他既不尝试，记载此事时也闭口不谈孔子究竟如何“小天下”。

在孔子那里，天下之大，苏州城赫然成了一个最为显赫的标志物，他选择了看见阊门外行进的白马。以他看见川流不息的水，会即刻隐喻为时间——“逝者如斯夫，不舍昼夜”可知，圣人的眼光并不止于所见，而在于其微言大义。孔子所见苏州城外的白马或许不是马，而是时间的象征物——按照庄子所阐释的，是“白驹过隙”；或者依孔子自己整理过的《诗经》中《小雅·白驹》一篇的寓意，是贤者、能人、千里马。如此，那苏州城在这个圣贤传说故事中，除了是率先于天下的超级城市之外，还有时间向度上的久远和人文荟萃、人才辈出的意蕴吧。

苏州行：红尘世界第一站

那么，这只是偶然一瞥，或者是一位圣人的独特看法或门户之见么？有证据

清雍正年间，桃花坞年画中的姑苏阊门图。图中阊门外街巷商铺鳞次栉比，水路通道上舟楫往来，今天我们仍可通过它领略《红楼梦》中“最是红尘中一二等富贵风流之地”的繁华。

表明，在苏州的问题上，儒道释三家有共识：道教界代表唤作渺渺真人，佛教发言人称为茫茫大士。他们的言论在一块女娲补天时锻炼过，却没有用上的通了灵、成了精的石头上记着呢，所以称《石头记》是最确切不过，其开头位置就是。

按那石头上书云：当日地陷东南，这东南一隅有处曰姑苏，有城曰阊门者，最是红尘中一二等富贵风流之地。

也就是说，偌大一部《石头记》，也就是《红楼梦》，虚虚实实多有争执，但有一点无可置疑：这部最卓越的中国世情小说，假借女娲神话为大框架，在宏大叙事之后切入人间，首要的地标也正是苏州阊门，一僧一道以及通灵宝石进入红尘世界的第一站，就是姑苏城。

就算这部书是到了 18 世纪才问世的，姑苏城正处于鼎盛期，却被回溯到大洪水的年代，亦即文明的重生和再造之初。这一劫的开端，所谓“地陷东南”之时，在东南方没有陷落之处，那一个最富贵风流的城市即已经屹立于世。显然，对于苏州，这是一个更明确的评价和表达。

《红楼梦》中这一论述可与苏州本地的神话传说相印证：《苏州民间故事大全》里说，当年大洪水到苏州这里，大禹用一口铁镬子（即铁锅）镇压了一个超级妖怪，而苏州城址正是镬底所在。之所以地势低却没有陷落为湖海泽国，全赖大禹取象于天蜈蚣（吴语称“百脚”），为苏州开了千百条百脚河的缘故。于是苏州城内河道四通八达，排水通畅无阻，构成了一个水上城市的模样。

这种讲法与正典里的论述不同。按照《尚书·禹贡》记载，大禹治水，九州初定，而苏州并不在九州范畴内。殊不知，这恰恰是神怪世界的

苏州桃花坞年画中的“天师镇宅”。相传张天师能驱凶避邪，用符水咒法降妖伏魔，民间每年端午在门上张贴此画，以避邪免灾。

逻辑：这方天地是通行十进位制的，应有十州。其中九州是单纯人间的划定，唯有不在九州之列的苏州，得到了三界众生的公认。所以我们可以看到，各色神仙妖怪，往往会有苏州之行，远不止《石头记》上的一僧一道一宝玉。

譬如 20 年前，第一个风靡华人世界的仙侠类角色扮演游戏《仙剑奇侠传》，其情节开头自东海边蕞尔小邑发端，南盗侠的遗腹子李逍遥在序章之后，携美坐船离开家乡，踏上漫游征途，第一站即是苏州。在苏州，男主角迅速走完了作为世间法（也包括不法）的“侠”的上升进程：从路见不平，到红袖添香；从结交高官子弟，到参加比武招亲，在少年辈的天下英豪中拔得头筹……

值得注意的是，武林盟主府安置在苏州，这是一件城与人相得益彰的事，苏州为道义的中心。唯在侠的巅峰时刻，情感的单一性与情节的双线性之间的扞格促生了新的变数。西山妖怪的传闻与同伴的失踪推动着年轻人离开苏州城，毅然走上不归之路，整个情节突破武侠的逻辑，而终归于仙侠与奇侠。而苏州，成为可以达成俗世至高理想的城市，同时又是修仙的真正起点。

另一个离开家乡，从越地直奔姑苏城的著名少年叫许仙。有说他更早的一个名字叫许宣，但显然并不如“仙”字那么合乎他人生轨迹中希冀与绝望反复交错的悲剧感。一般而言，许仙的故事首尾都在杭州，断桥与西湖结下妖缘，雷峰塔见证悲欢；而转折点则与镇江有关，在那里水漫金山，渐起高潮。偷懒一点讲故事的人，可能会把姑苏忘掉，直接让许仙直下杭州到镇江。因为整个白蛇故事中，就数苏州一段的动静最小。按照早期版本，如冯梦龙这位苏州人所编撰的《警世通言》中《白娘子永镇雷峰塔》所录，白娘子与许仙在三个城市间流转，在苏州开药店、过平淡日子，这段尘世生活最是恩爱幸福。不过，对于急欲看结局瞅好戏的观众与读者来说，这未必是最精彩的部分。

《白蛇传》的逻辑在妖怪世界中想必人所共知——应该说，妖所共知。所以事实上我们掌握的苏州妖怪故事，并没有因苏州的显赫而变得更多和更复杂。但显然，神怪眼中的苏州，比人类限知视角下的这座凡俗城市更加重要得多，是天底下最悠久、最繁华的城市……所以，想必有太多妖怪隐姓埋名在这座伟大的城市里，或者曾经到这里寻找自己的机会。它们看上去过着与普通人相似的日常生活，只是不太乐意为人所知而已。

苏州话，江南的『旧时雅音』

文 王弘治
摄 于祥

浩瀚的财富基础，

使明清时期苏州的文化影响力拓展至时人生活的方方面面。

体现在语言上，

讲苏州话成为一时风尚。

甚至因为较多继承了中原旧音，

且有拥抱权威方言的经验，

苏州话一度成为明代江南区域的“准雅音”。

通过昆曲、评弹等戏曲、曲艺形式，

作为地方方言的苏州话超越了地域限制，

也塑造和影响着苏州在中华帝国城市里的形象与地位。

在江西、四川、重庆这些省市，广泛活跃着一个叫“苏气”的词。方言词典对这个词的解释是：形容态度大方，打扮漂亮。地方志《重修南川县志·土语》里可以找到它的语源出处：“从前外来服饰之物，苏州为美，故土语通称人物文雅脱俗曰苏气，曰苏派。”如果不是这样一条记载，我们大概想象不到，在一口花椒味的腔调里，原来还活跃着苏州过去的精致。

语言如同服饰、妆容，也是风尚的一种，会跟着一座城市崛起、向外传播，润物细无声地触摸到远方居民的唇齿，逐渐变成声音的历史积淀。“苏气”一词正是苏州这座城市的影响力在语言上的极好证明。

明代工商业的极盛，使得苏州也进入鼎盛时期。其时，苏州话作为地方方言，不仅超越了地域限制，也一定程度象征了苏州在中华帝国晚期社会中的文明与地位。

大明的“南京省”

苏州话的对外影响，绝不是一种零星的感染。中国古代没有像现代普通话一样明确的国家标准音，现在普通话以首都北京语音为标准音，而在历史朝代里，口音的雅正，与古来的韵书是否切合是一条最关键的标准，因而一个时代可能有一个时代的风尚。

比如在唐代，长安和洛阳分别是东西两都，两处口音还不一样，而唐朝诗人的押韵标准既非长安，也非洛阳。唐代的正音标准是一部叫《切韵》的韵书，而决定此书取舍标准最重要的两位人物——颜之推和萧该——都出身于南朝，他们自然会照顾自己的南朝口音。晚唐的李涪就曾义愤填膺地谴责科举为什么采用“吴音”作为诗歌格律的准绳。

到明朝，永乐帝迁都北京，然而帝国的标准音却没有跟着朝廷迁徙到北方，读书人似乎更愿意遵从文化的传统，政治的能量虽然强大，却未能轻易地扭转局势。而与此同时，苏州在明代时已成江南巨富之地，其文化影响不仅体现在科举的辉煌，从文人书画到日常生活工艺品，关于苏州的一切都成为江南、甚至全国的文化风向标。苏州话在历史的朦胧重影里，似乎也沾染上了一丝雅正的标准，其对外影响，也凭借着这一阵好风，飘散到远方。

有一则明末利玛窦记载的逸事，纠缠着有关明代苏州话的一桩谜案。学术界一直为此而争论，但或许能为当时的流行语言提供一些线索。

像其他从欧洲远道而来的传教士一样，利玛窦最初接受的汉语教育是在澳门。进入中国内地后，利玛窦开始在广东肇庆和江西赣州等地传教。从今天的经验，我们大都知道岭南地区的普通话大概是何种风情，明代的情况其实也相差不远。所以，当利玛窦神父决定去北京的朝廷宣讲福音的时候，能不能说典雅纯正的标准语成为传教事业能否成功的关键。

一位宫廷里的太监注意到了神父口音的问题，他慷慨地将身边一个书童送给神父——这个小书童能说标准的中国话，跟着他学习，有助于校正神父的口音。这个书童是哪个地方的人呢？利玛窦的札记里笼统地说这是一个“南京”男孩。

有学者相信，利玛窦所说的“南京”就是今天的江苏南京，因此明帝国标准语，并不是北京话，而是南京话。这个论断很有影响，但也不断受到质疑。

今天的南京，在明代时作为留都，被称为“应天府”。而明代文献中的“南京”，往往指的是一个地域更为广大的地区——南直隶省，包括了今天江苏淮河以南区域和邻近的部分安徽地区。《清史稿・地理志》中说：“江苏……明为南京，清顺治二年改江南省。”因而，南京书童中的“南京”，不一定是指南京这

é　ô　jiāo　guē

闲话交关

话很多

本文拼音均参考自《标准苏州音手册》（汪平 著）。

“闲话”即“话”。苏州方言被称作“苏州闲话”，以发音好听著称，有“宁听苏州人吵相骂，不听宁波人讲闲话”的俗语。

座城市，而有可能是当时的南直隶省。

这样的猜测并非毫无根据，实际上，日语至今还保留着明代“南京”的这种用法。因为当时的中日贸易和文化交流的孔道集中在江南浙北，日语中习惯用“南京”来指代中国，许多中国的舶来品都被冠以“南京”之名：如花生叫“南京豆”、中式炒锅叫“南京锅”、中国来的船叫“南京船”，甚至到晚清，中国人还一度被称为“南京人”。这个“南京”显然反映的是繁庶的江南带给日本的记忆冲击。而明代南直隶省中最繁荣的都市，无疑是当时的超级都市——苏州。因而，这个“南京”男孩，实际上极有可能是“苏州”男孩。

有两个证据或许可以从侧面说明利玛窦身旁的小书童是一个苏州人。第一个证据是书童小厮，似乎是明代苏州的一种特产，就像瘦马雏妓曾经是扬州的特产一样，全国知名。《金瓶梅》中曾特别指出西门庆有“蛮小厮”，也就是苏州出身的小跟班，“蛮”正是北方中原对南方人的一种蔑称。上海豫园的建造者潘允端在《玉华堂日记》里也提到“买苏州小厮呈翰，银二两五钱，呈清一两”。第二个证据是在明代，苏州是南直隶省实际的首府所在地，因为督抚省内各级官员的最高行政长官“应天巡抚”就驻节在苏州。

更重要的一点是，明代出现的“官话”一词，也就是所谓在官场使用的雅正语言，很可能在口音上就接近苏州话。明代张位的《问奇集》中记录各地方音，特别提到“江南多患齿音不清，然此亦官话中乡音耳”。意思是说，江南多有口齿不清的情况，但这也不过是官话中透露出一点乡音的底子而已。江南吴语的代表苏州话，是如何一变成为明代“官话”的呢？

乡音与雅音

清代雍正帝曾在福建、广东地区设立“正音书院”这样的专门机构，来矫正想进入仕途的士子们的口音。然而同为地方方言的吴语，在帝国时期，却并不像闽粤方言一样，会遭到官方鄙夷。特别是苏州地方，几乎是乡音环绕中的一块飞地。这是因为苏州话既具备从历史上继承来的中原旧音，也有在明代时拥抱权威方言的经验。

明代的苏州已经成为一个超级规模的地域中心城市。随着中央派驻的官僚驻跸城中，上流社会的语言风尚会逐渐对下层社会产生影响，就如同诺曼征服之后的英国。成为新统治阶层的法国贵族，同样把法语的基因注入到了英语的肌体当中。苏州话从一种东南方言，逐渐越来越接近于大明的标准语——官话，同样也是征服与屈从的结果。

实际上苏州方言的北方化，自宋代就已经开始了。南宋辛弃疾词有“醉里吴音相媚好”，这大概记录的是吴地旧音的绝响。宋室南渡，大批北人跟随朝廷来到江南地区，官话特征已经横扫了这片地区，基本奠定了江南吴语的主体语音面貌。此时的吴语，已经成为一个深受宋代北方正音浸染的南音变体。

元明战乱之际，北方军士的涌入，又进一步加剧了苏州方言北方化的程度。明初诗人杨基在《白头母吟》中描写苏州城在被朱元璋军队攻破后的情景：“家有屋，屯军伍，家家有儿遭杀虏。越女能嘲楚女词，吴人半作淮人语。”这样的冲击，对苏州方言造成的影响尤为深远。

举例来说，“大便”一词在吴语中，基本上都称作“恶”（wù），就是“污物”的意思。而苏州话里偶尔会用“屎”这个明显带有北方通语色彩的词，比如“鼻屎倌”，这在其他地区的吴语中就极为少见。苏州的一般疑问句，基本使用“阿——”的句式，比如问“你去不去”，是说“你阿去”。这种句式在苏南地区中仅出现在苏州，其余地区一般都使用“去否、去伐”这样的形式。

朱元璋对于正音也有一种执拗的感情，他下令要废止传统以“吴音”为正的风气，帝国的正音应当以与他乡音相近的所谓“中原雅音”为准，为此他督令手下的文臣编撰新帝国的正音字典《洪武正韵》。可惜皇帝的意志并没有令视传统为生命的士大夫们顺从，读书人在政治高压下继续遵从唐宋以来的“平水韵”写诗，《洪武正韵》完全成了鸡肋，只有极少数人将这部官方韵书奉为圭臬，比如远在东北的藩国朝鲜，把它作为学习中华正音的标准。

但还有另外一个群体将自己的文学创作与《洪武正韵》紧紧联系在一起，而且出于由衷的热爱——这批人就是创作昆曲的苏州文人们。

继承元代戏曲的繁荣，明代的戏曲创作中使用的押韵标准，早期一直以元代周德清编纂的《中原音韵》为准。昆曲在明代兴盛以后，苏州成为昆曲发展的中心，涌现了一大批戏曲创作者和理论家。昆曲之所以能成为百戏之祖，与苏州在财力和文化上的推动是密不可分的。苏州的曲作者们也逐渐意识到，反映大都北京口音的《中原音韵》其实跟自己的南方口音有差别。王骥德这位昆曲大家便开始积极主张使用《洪武正韵》来规范南曲的用韵，到了他的后辈沈宠绥更是直接提出了“北叶《中原》，南遵《洪武》”的口号，把“中原雅音”作为昆曲的标准。

其实，无论《中原音韵》还是《洪武正韵》，都是不同时代的北方正音。戏曲是一种基于语言的艺术，如果昆曲没有跨越方言界限的正音加持，即便有一时贵族文人的推崇，也很难深入到大江南北开枝散叶，衍生出后世满天星斗般的地方戏曲。明代苏州的昆曲，从一开始就没有局促于本地方音，这也并非是苏州文人胸怀兼济的抱负，而是明代苏州话从根底里就蕴含着一股“天下”的气质。

苏州方言中有几个合音字，日常使用频率极高。“阿”是“阿曾”，“覅”是“勿曾”，此外还有经典的否定词“覅”。

张位《问奇集》里所谓“官话中乡音”，正是点明了明代苏州话的特别身份，它不同于一般的方言俚语，毋宁说它只是带一些口音的官话罢了。而所谓“江南多患齿音不清”，说的是江南人平翘舌不分的毛病。但是时至今日，在苏州你还能在评弹或郊县常熟方言中听到奇怪的卷舌音，这就是明代苏州话正音的残迹。

江南的代表

明代以降，官话的面貌也在发生变化，逐渐跟朱元璋时代的正音面貌相违。清人入关，使北京的地位进一步上升，官话的面貌也愈趋北方化，而苏州还坚守着南方的旧音，于是苏州话的影响范围又逐渐回缩到了江南。

在太平天国的兵燹荼毒苏州之前，苏州话作为吴语的代表是没有争议的。之后上海的崛起，使上海话攫取了苏州话的地位。即便如此，苏州话的影响也是显而易见的。

清末小说《海上花列传》是十里洋场畸景的写实，其中的人物对话全以“苏白”写成。即便是独领近代风骚的上海，也没有让上海话在江南地区取得像苏州话同样深远的影响：上海话并没有在江南各地输出自己的曲艺艺术，但苏州话做到了。

与昆曲的“天下”气质不同，评弹中更多苏州话的本地韵味，尤其是评书，如果听不懂说书先生的方言，那故事和表演就纯粹是空中楼阁。苏州评弹在历史上兴盛的各处码头，时至今日还能通过江南各个城市评弹团的存废得到确认：从西北的常州到东南的杭州，基本涵括了北部太湖片吴语的分布范围。这个地区内各有土风，乡镇的土音都有差异，但苏州话却是区域内一种共通的交际语，可以用于商贸、教育、文学艺术的交流，其地位颇有几分类似英语通行于印度各土邦间所起到的作用。

以苏州东西两厢为例：西边的无锡城内，读“家”字如“姑”/ku/，但毗邻苏州的乡村地区，却有 /ku/、/ka/ 两读，这另一个 /ka/ 读音就是受到苏州的影响。苏州东边的上海，靠近南部浙江郊区的松江区、金山区，“南”读 /ne/，但在更靠近苏州的市区，“南”为 /nø/，读法基本跟苏州一致。这都显示了当初苏州话作为一种地区强势方言的影响所及。但这种现象，如今也只是一种遗迹，随着上海成为新的地区中心，人们很快开始淡忘这些没被文字记录下来的语言历史，只有凭语言学家如同做考古挖掘一般去比较字音里的层次了。

说苏州就是江南，江南就是苏州，至少体现在苏州话上，是毫不夸张的。尽管比起明清极盛时的辉煌，已不可同日而语，但苏州话的流风遗韵，依旧是江南一笔重要的记忆财富。

yī sáng sik sik bag
衣裳雪雪白
sǒ dek meg meg hek
晒得墨墨黑
miê kòng lad lad wáng
面孔蜡蜡黄
衣服雪白
晒得黝黑
脸色蜡黄

苏州话里形容词的形式有“AAB”“ABB”“ABCD”等构造，表达活泼，层次丰富。

风

在水乡，追忆江南

平望，以运河作风骨

姑苏深巷，茶馆二三

开张的弓弦——《江村经济》八十年后

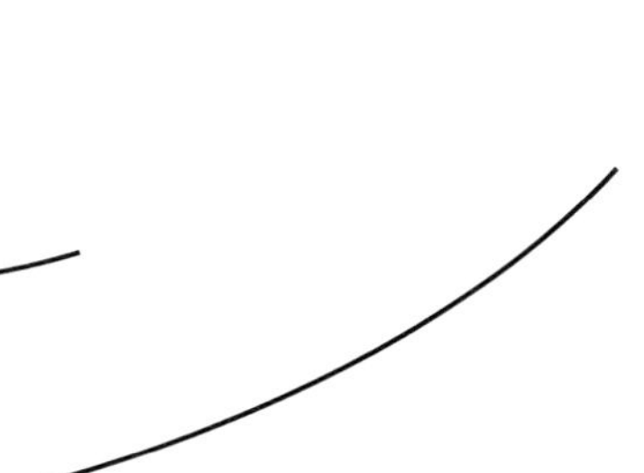

在水乡，追忆江南

文 赵景宜　绘 Paprika

当谈论苏州的周庄、同里，
或是木渎、甪直时，
这些太湖水塑造的江南水乡，
将人们带回到那个古老的“江南”，
旧时园林、水巷、拱桥、摇橹人家……
如星斗般散漫的水乡腹地串联起两千年的江南记忆。
现下，这些水乡更是理解传统中国的珍贵窗口。

当人们谈到今天的苏州时，依旧惯称这里为“江南”。

这不单是对“苏湖熟，天下足”“江南诸州，苏最为大”，或是诸如《红楼梦》、李清照笔下所塑造的江南的追忆，它一直是一种续延：悠久文脉，这里曾是最具独特文化精神之地；鱼米之乡，当地人保留着“不时不食”的传统，四时八节有着丰富的时令食物；小桥流水，在巷弄之间的闲庭信步……

当人踏入苏州的那些个水乡，周庄、同里，或是木渎、甪直，“江南”一词变得如此具体而丰满：旧时园林、水巷、拱桥、摇橹人家……它带有两千年的江南记忆，现下，更是理解传统中国的珍贵窗口。

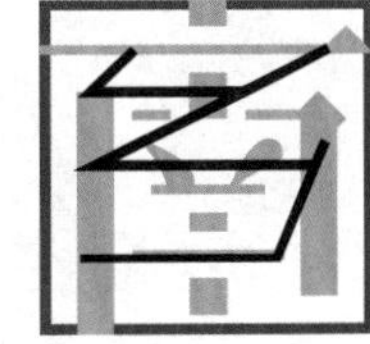

太湖水勾勒的水乡腹地

古老的太湖水兀自流动着，地图上看去，发达的水系如网罩般将周围的平原勾勒出丰富多样的地貌，太湖流域或临湖、或附河的水乡腹地如星斗般形态漫散，看似一个水乡一个范式，拉近视焦，它们却是由纵横交织的江、河、溪、渎串联起来，细碎地围裹在古老的苏州城外。

在独特的生态环境中，水乡人有着自己的耕种与生产方式。唐代以后，经济重心南移，京杭大运河的航运繁忙，分布在密密水网中的江南小镇一度近四百余个，它们是周围村庄经济的中心。不论是苏州的同里、周庄，还是甪直、锦溪、木渎，它们的格局形成都与太湖水域及治理水患有着千丝万缕的关联。

小镇木渎处于胥江和香溪河的交汇口，历史上，它与姑苏城一同成长，公元前 506 年，吴国伍子胥开挖人工河，胥江从太湖一直到苏州的外城河，两千五百年的岁月萦绕在这座因河而成的小镇之中。作为沟通苏州城与浩渺太湖的交通枢纽，木渎是名副其实的太湖门户，明清时期，人们在此设港结市，这里成了苏州城西最繁华的商埠。

两百多年过去，这里的格局与风貌未变，只是木渎已经成了游人如织的水乡小镇。一条河飘带似的与街巷粘连在一起，自西向东，临街的店铺兜售着附近的物产，游人脚步窸窣，与雨水同落在青石板路上，并不随这湿冷冬季而消停片刻。踱步其中，水乡面貌清晰可见，两条河的汇入，使临河街道与之构成了“人字形”的格局。

密布的水网，带来了交通便利的同时，也带来了水患。在同里的太湖水利展

星罗棋布的水乡中，水不仅承载着交通、运输的功能，也影响着街巷、房屋的布局。

摄影 / 陶源

示馆，有资料显示，从宋至清，平均每十年这里就会发生一次大水灾，小的水灾则更频繁。五湖环抱的同里，原来是一片湖泽地，当时的人在此围圩造田，整体地势西高东低，分成了八个圩地，才奠定了现在的同里原型。

江南独有的圩田方式，主要为实现旱涝分开，滩涂变田地，分为界岸、抵水岸、分区圩岸，要建造外闸、内闸、涵洞、堰坝等工程。在元代，居民渐渐向河道聚集，舟楫往来，带来了繁荣的贸易，也带来了酒楼、茶馆、米行，这里渐成富饶之地。在明清，同里基本形成了“住宅区在北，商业区在南”的格局。

明代有文人赞叹圩田：“湖民力本射利，计无不悉，尺寸之堤，必树之桑，环堵之隙，必课以蔬，富者田连阡陌，桑麻万顷，而别墅山庄求竹木之胜无有也。”

水成就了同里，因水成路，因水成园，水、路、桥、民居、园林，巧妙地融为一体。河网将古镇分成了七个小岛，有中元港、牛头湾等众多河道。不同于木渎，同里与周庄是一种网状式水乡古镇，这个格局一直保留了数千年。

作为鱼米之乡，今天的江南古镇还有不少人一直延续着先民的捕鱼习惯，从“太湖三白”——银鱼、白鱼、白虾，到河里的鳗鱼、黄鳝，平日里也能饱尝江湖之鲜。水里生长的茭白、芹菜、菱角、藕、慈姑，不同季度各有收获，更是大自然馈赠给江南水乡的礼物。

独特的文化精神在这里落了脚

螺蛳壳里做道场，人们常这样谈论上海人，指的是都市中住着小房子的人，只得精打细算地利用空间。但他们不知道的是，数千年前的江南小镇，当时的人就需要这样利用空间。

江南水乡舟楫往来，湖荡细碎，难以有大片的耕地，古镇里更是人多地少，居住的面积十分有限。在这些小镇里，你能看到许多临河的小房屋，它们与水争地，外墙几乎直接贴着河岸。过去，这些房子大多商住混用：临街的一面做生意，临河的一面居住，也便于同货船进行交易、卸货。因为房屋建造宽度有限，有很多房子盖两层，一楼经商，二楼居住。

依水而居，也使得这些水乡各自形成了独特的建筑与街巷布局。河道本身不大宽，房屋会用大面积立面式开窗，才能得到足够的采光。各家的房屋都密集地连成了一片，排布紧凑，但每隔一段距离，都会留有通往河口的通道，便于取水，在江南湿热的夏天，也能够引风进来，让街道通透凉快些。

有些临河的房子，还会向水中落柱，建成一个小的吊脚。夏天的时候，能当成夜晚纳凉的露天阳台，也可放置日常用品。还有的房子在河岸处留出一片空地，种树纳凉，门前开店经营，吸引街上的人走到家门前。在一些水乡古镇，许多街道直接临河，住宅在街的另一旁。

这些靠河岸不同的建造，带来了不同的街道面貌。在木渎，多为河道、街道相连，后面的房屋较深，这也许同当时许多文人来此建宅邸有关。在甪直、锦溪，多为露天式民居与贴岸式民居的街道相互交错。网状的同里与周庄古镇，具备了更多临河街道形态。你只有慢慢踏入其间，才能生动发觉其中的细节与不同。

交错的民居，让江南水乡的街道有了更多的流动感，也让这里的生活情态与其他陆地的生活区隔开来。各个水域之间相互通联，桥梁既是连接，也是停顿与分界，它们和大小湖泊、河流、水网构造成水乡古城典型的建筑文化景观。如若行走在桥上时，瞥见河中的倒影，能恍惚一觉这虚实之美。作为居民交通往来的桥，在水乡中一直占有重要的位置，在今天，人们也通过桥梁来观察江南的古典之美。

三步跨二桥，甪直有“古桥七十二座半”之说，现存41座。学者费孝通称它为“桥乡”。桥在古镇的密度，甚至比意大利的“水城”威尼斯还要大。旧时，桥上行人车马，桥下通航舶船，有许多买卖就在桥上水边进行。

中国古桥的造型，在甪直几乎都能找到对应物，不论是拱形、圆洞形、梁式，抑或桥洞的多孔与单孔。水乡的桥多为明清两代所建，甪直最古老的桥是和丰桥，它的桥洞为全圆拱形，你能一睹宋代与清代砌筑桥拱的方法之别。武康石做石墩，青石为拱圈，桥面上还有图岸典雅的浮雕。如果仔细观察的话，桥两侧有镂空拦石，间立着28根带花纹的石柱。庙挑桥是甪直最小的桥，桥宽不足2米，长不过5米，玲珑娇小。桥立在保圣寺西院晚唐著名诗人陆龟蒙墓前斗鸭池上，清风亭的东西两侧。它并不是用作交通的桥，更像是匠人做的造型。

除了紧凑的民居，水乡也不乏深宅大院，过去的文人、乡绅常选择在此避世或置产。姑苏城在中唐以后兴起，历史机缘中成为名盛一时的都邑，熙熙攘攘热闹非凡，而周围次一层级的水乡小镇，相对于姑苏城更为幽静避世，因此引得颇多文人雅士到此定居，西郊的木渎镇，临河的幽深古宅就有十余处，如山塘街的严家花园、虹饮山房，南街的冯肇桂故居，下沙塘的袁宅……

如此这般，水乡之中，地理环境与人文活动愈发分不开。清代江南地方精英阶层的迁徙流动增加，不少文人名士纷纷择水乡而栖，也让那些独特的文化精神走出姑苏城，在这些水乡古城落了脚。同里镇的退思园与苏州城内几处园林风格很是不一样，它留有古韵，同时又是当代历史的一个切片。

退思园的主人是晚清官员任兰生，光绪十一年（1885年），他从安徽罢官返回家乡同里，花费了十万两白银，请来镇上的画师袁龙为自己设计园子。园名取自《左传》里“林父之事君也，进思尽忠，退思补过”，想要反省之意。园子风格简朴淡雅，“退而思进”的特性昭然，建筑都紧贴着水面修建，不同于一般园林的纵向结构，颇为内敛。退思园刚建好时，任兰生恢复职位，又回到安徽，可惜最终陨落他乡，还未来得及欣赏园中风景，留下遗憾。

第二代主人任传薪，年轻时接受了西洋教育，曾去过德国、日本考察，带回电影放映机、实验室仪器等到退思园。1906年，他在同里创办丽则女校，思草堂和桂花厅被当作教室。在当时的苏州，算是一开风气，据说码头工人将西洋钢琴抬进院落时，吸引了很多老百姓围观。那年，任传薪还是个19岁的年轻乡绅。

水乡的文脉一直保留至今，在今天，江南小镇中仍居住了许多文人、匠师。在同里，有一位叫作苏野的诗人，他自苏北而来，已经在这里生活了十多年。长久处在水乡情景之中，人变得踏实缓慢，更能感受到传统的延续，前几年，他开始大量阅读古文，既深入了解同里与苏州的过去，也关照当下。退思园的任兰生、民国诗人陈去病……这些凝固的时光，给予了他写诗的诸多灵感。了解了背后的故事，再去往这些旧地时，总能带给他更多的想象。

相较于白天，苏野更喜欢夜晚的同里。“我曾经无数次凝望夜晚同里的脸庞，想到了陈去病故居的萧飒，想到了计成漫漶模糊的人生踪迹，想到费巩荡然无存的童年，想到了当年倪云林为之倾倒的叶泽湖已经变成了鱼塘，想到了无数个匆匆流逝的夜晚。”

对于苏野来说，他心目中的江南，不是他生活日常可见的古桥与街巷。在历史与浩瀚书卷中，住在同里的诗人苏野更能找到他想象中的江南。

更久远的江南

一群人着吴地传统装束，抬着花轿，一旁人吹着唢呐，拉着二胡，怀抱琵琶，敲锣打鼓，迎面走来。你应该暗自庆幸，目睹了一场传统的水乡婚礼。在同里，迎娶的人按照吉利桥、太平桥、长庆桥的顺序，依次走过，并边走边高喊，“吉利——太平——长庆”。

原来，这是苏州“走三桥”的习俗。自宋代开始，老百姓会在元宵夜晚走三桥，以避灾求福免百病。这一天，在旧时候对于女性更加难得，她们得以走出闺房，结伴出游。明陆伸在《走三桥词》就有写：“细娘分付后庭鸡，不到天明莫浪啼。走遍三桥灯已落，却嫌罗袜污春泥。”

走三桥又叫“游安”，规则很简单，按顺序走过三座桥就好。在苏州城，人们走的三桥多为山塘古街的“斟酌桥”“望山桥”和“绣花桥”。但在同里，走

水乡的人们有一套自己的生活方式，昆山锦溪，每到下午 4 点左右，外出捕鱼的小船都会定时摇着载满各类河鲜的船，沿着长廊一路叫卖，此时人们也多会到河边争相挑选自己喜爱的虾鱼。摄影 / 韦鸣

锦溪的长廊里，一支业余乐队正在弹唱，有时间他们就会聚在一起，自弹自唱，自得其乐。摄影 / 韦鸣

苏州的一些水乡挨着太湖，坐拥河湖之便，一年四季，物候分明。清明时分，正仪老街上贩售着青麦汁做的青团子。到了冬日，腊肉挂起，意趣十足。摄影 / 陶源

三桥不只在元宵夜，每逢婚嫁、生日庆贺、婴孩满月都会有人走，至今还保留旧时的习俗。

同里古镇的三桥，相距不到 50 米，一座由梁式平板铺成，取名为“太平”。另两座为拱式，如一道半月，一个叫“长庆”，一个叫“吉利”，但都小巧玲珑。尤其是在婚礼之时，走三桥更加热闹，亲朋好友围在身旁，鼓乐齐鸣，街坊们或上前道喜，或在一旁观望，主人当然不会忘记四处撒喜糖。除了婚礼，家有老人过大寿，子女们在吃完午宴，也一道走三桥，以求长寿。婴儿足月或满岁，则由母亲抱着走三桥，祝福孩子能健康成长。按同里老规矩，三桥要按顺序走，不能走回头路。

漫游江南水乡，除了看桥、游览古建筑，坐上摇橹船，在摇摇晃晃中，更能感受水乡的肌理与建筑。这种用橹来推进的船舶，是在江河中航行的早期船舶，它灵活、方便，更像是温润的江南。木心曾写过一篇散文，回忆起幼年坐木船的场景：“一阵摇晃，渐闻橹声欸乃，碧波像大匹软缎，荡漾舒展，船头的水声，船梢摇橹者的断续语声，显得异样地宁适。”

但真的想要了解江南水乡，就必须努力成为一个江南人，哪怕只是停留在饕餮。水乡总有姑苏城吃不到的好东西，就比如甪直的酱菜，长条的萝卜干，入口鲜又醇，还留有酱香的回味。除了萝卜，还有小蜜枣、洋葱块、辣白菜、乳瓜……

水乡民风淳厚，四时八节的节俗不少。冬日桥下，一盆盆水仙花攒着热闹，水中鸬鹚站在船头。鸬鹚捕鱼是当地古老的捕鱼方法。
摄影 / 焦青（左）
摄影 / 林帝浣（右）

几十种酱品。在周庄，总能看到老人坐在廊桥下，卖自家晒好的河虾、鲈鱼，倒有几分靠水吃水的趣味。

这些水乡小镇的物产里，总有一口油脂丰满的蹄髈，只是叫法各不相同。原来过去人家，取“蹄髈”与“题榜”的谐音，以求科举考试高中，不愧十年的寒窗苦读。旁边的阿婆告诉我，这时候都不怎么吃猪头肉的，“怕笨瑟” 。

临近冬至夜，水乡的居民少有如苏州城的人排队买零拷的冬酿酒，他们更愿意去附近的乡下，拿亲戚家自酿的米酒。直到今天，镇上和周围的村子还有着较强的联系，菜市场里更爱卖本地的蔬菜瓜果。一个开饭店老板娘告诉我：“好多当地人，现在都有一块地，镇旁边不都是农村、水塘嘛？”

在离开水乡前，别忘了去茶馆坐上一坐。旧时的茶馆，为了取水方便，一般沿河而建，河水经矾沉淀后便可泡茶。茶叶在热水中漂浮，这等待的片刻，望着窗外的古桥与街巷，像是进入了千年历史的沉思。直到橹声将至，上面的船娘唱着小调悠远地回荡在水面上时，才把你拉到眼前，拉到此刻的江南水乡中。

夜色中的千灯古镇。摄影 / 王品良

平望，以运河作风骨

文 孙跃勤
绘 Paprika

京杭大运河的开通，
在沿线催生了诸多运河型城镇。
对于这些城镇，
运河不仅是关系经济民生的交通命脉，
也是影响当地人生产、生活方式的重要因素。
作为江南运河苏州段中的一个典型运河小镇，
平望的历史、生活与人都保留有运河留下的深刻烙印，
它们成为苏州江南水乡环境下另一种具有代表性的生活风貌。

平望北大街老电影院对门有一碗鳝丝面，名动四方。熙熙攘攘的客人里，不乏百里外赶来的上海人。要说苏式面，早已是名声在外，但苏州城南门外数十里的这碗鳝丝面，气质与苏式面大相径庭。

做法没什么稀奇。面是看似平常的机制面，也不知多打了蛋，还是多轧了两道，比一般苏式面多几分嚼劲。鳝鱼捕自周边各个浜、荡、漾、港里，急火热油蒜粒爆炒。裹挟着镬气的鳝丝做浇头，再加上一匙平望辣酱，香彻一条老街。

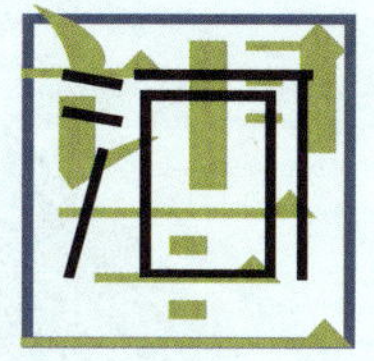

从运河时代到现代陆路交通纵横，平望一直占据着交通枢纽的特殊地理位置。招待过南来北往过客的这碗鳝丝面，调和了本乡本土与四面八方的口味，埋伏着读懂一座运河小镇的机关。

小镇的运河烙印

童年夏夜，纳凉消暑的星空下，祖母摇着蒲扇讲起途经此地的王母娘娘失手跌落镜子的神话。一直要到这些年，航拍技术成熟，越来越多的“王母娘娘视角”照片广为流传，那些地情书上的统计数据，才与童年岁月里祖母的絮叨接上了头。

平望全境，近40%的面积是大大小小的水域，莺脰湖、草荡、大龙荡、长漾、庄西漾、雪落漾、长田漾、桃花漾……这些湖泊四散分布在全镇，高空俯瞰，湖泊在阳光下金光闪烁，像极了一面跌碎在地上的镜子。

丰沛的水源自天目山而下，大部分投奔了太湖。唐代以前，通过吴淞江、东江、娄江，太湖之水通畅地排至海洋。其后三江相继堙塞，上游来水经湖东洼地弥漫盈溢。平望处在地势低洼处，诸水蓄积，造就了如今湖泊密布的地面景观。

凭借纵横交错的水网，平望在江南这片广阔的富庶之地找到了自己的独特位置。市河、太浦河、頔塘河、京杭大运河四条水路大动脉穿平望而过，并将全镇大小湖荡连成庞大的水网，让平望的交通枢纽位置突显。从平望出发，北上苏州、南至杭州、东去上海、西往湖州，四通八达，平望的兴盛之源也从沟通江南四方向更广阔的腹地纵深。

平望因运河而兴，炒制鳝丝面的鳝鱼，是这片以运河为主心骨的水域里最微不足道的物产。四通八达的水网提供了便利的水上交通，使平望成为粮食贸易市场的不二之选。加之周边太湖流域、杭嘉湖平原的稻米出产支撑，米市贸易在平望迅速崛起。即便到明中叶以后，江浙地区经济结构发生变化，“苏湖熟”逐渐

位于岣塘与大运河故道交汇处的安德桥，已有1200年历史，曾是平望镇的枢纽之地，见证了这座运河小镇的兴衰起落。
摄影 / 张建国

向“湖广熟”过渡，平望作为米市贸易集散中心的地位依旧没有动摇。湖广等地的粮食通过长江、运河运抵平望，再经由当地米行销往周边市镇。

同济大学教授阮仪三曾这样评价：“平望是大运河沿线历史城镇中，传统运河空间尺度保存最好、城镇与运河空间联系最为密切的一座。”这话并非虚言。平望今日的城镇格局还依稀可见当年的业态。在平望境内市河与古运河围合而成的梭形小岛上，完整保留了原有的“一环五横”空间格局。北前街—南前街沿线，多为与运河贸易相关的仓储、加工、宗教等建筑，建筑形式多为沿河退台。北大街—南大街和市河两侧，则多为与居民日常生活相关的商业设施。环线之间的五条东西巷弄两侧多为住宅建筑，局部有跨弄楼。这种对外与对内贸易空间的分离、生活型街巷与交通型街巷的分离，在江南水乡古镇中较为少见，带着鲜明的运河和米市贸易的烙印。

兴也运河，毁也运河。地处南北水路交通要道的平望，和平时是贸易的枢纽，战时就成了兵家必争之地。太平天国时期，清军与太平军在此大打四年拉锯战，平望全镇几乎沦为废墟。1924年，江浙战争爆发，两派军阀混战中，平望居民四散，商业几乎清零。抗日战争期间，又遭日军频繁清乡，粮食仓库全部被毁……不到一个世纪的时间里，平望就遭遇三次重创，更不用说上溯历史，屡遭损毁的艰难往事。

数度起落，从没有断绝平望格外顽强的命脉。一旦战火平息，民生得以喘息，平望就会以极快的速度恢复元气。这也一定程度得益于其特殊的区位优势，凭借水路交通的便利，平望人不仅可以在短时间内聚集重建物资，更重要的是，作为交通要道，人员、贸易能迅速集聚，从而支撑起市面繁荣。

运河植入的商业基因

进入现代，平望镇新的历史篇章，也是依着运河开始的。

沿着京杭大运河，227省道不依不舍。沿着太浦河，318国道一路追随到平望。历史又是惊人的相似。纺织业在平望的兴起，像极了当年的大米贸易。如果说，大运河作为曾经的交通大动脉孕育了平望米市的兴盛，那么如今，从平望穿镇而过的318国道、沪渝高速（G50、G15W）等高等级公路将平望穿织成长三角交通枢纽。平望纺织业正是凭借这最天然的优势，在蹒跚中起步。

大运河河畔的人们，血液里似乎就带着商业基因。

平望人做纺织的那一套商业逻辑，严丝合缝，当季热销产品是哪几种，每米布市场平均利润多少，让利追逐市场还是守住品质等待客户……这些生意经，平

混合植物叶子做成的糕饼、青团，杂糅了八方口味的鳝丝面，每一样都是令过客念想的平望味道。
摄影 / 吴金男（左）
摄影 / 黄彬彬（右）

望人说起来头头是道。纺织市场竞争，激烈到一定程度，有老板甚至在纺织商会的年度大会上与同行共勉，我们不能“轧姘头”，否则只要出去鬼混两天，市场就会失守。

这种眼观八方工于计算的商业头脑，像极了当年的米行掌柜，一石米，相去不得几文钱。只是今天的平望“掌柜”，要关照的不仅是长江和京杭大运河沿岸的市场行情，还要放眼全球，做世界的生意。从巴西到巴黎，从越南到孟买，瞬息万变的全球纺织行情，浪潮般汇拢到平望。而纺织时代的平望，也一如当年，“服业者重”，生产与贸易并举，主业与配套并重，在危机中找寻机遇。

可以说，在今天运筹帷幄的长三角一体化战略中，平望是先行者，更是最早的获益者。

318 国道从起点上海到平望一段，叫“沪青平”公路。这个名字，颇讨“平步青云”的口彩。但一直要到 1993 年，青平线的土方拓宽工程正式完成，平望与上海之间才算有了第一条康庄大道。

在很多老上海人的记忆里，至今还能搜索到“平望”这个名字——这曾经是他们去往浙江、安徽乃至西藏的必经之路。而在更多平望人的记忆里，上海曾经是一个比苏州更亲近的存在。20 世纪 90 年代，没有几个平望人知道苏州历任市长，而提起时任上海市市长，在平望却可谓无人不晓。

地处江南，湖荡众多，平望镇的水产极为丰富。新鲜的螃蟹、慈姑，做成简单的家常菜就足够鲜美。
摄影 / 李晓峰（左）
摄影 / 张律堂（右）

改革开放之初，有上海工程师利用周末时间，一路颠簸来到平望，指导乡镇企业的生产。后来这种交流成为一种现象，被称为“星期天工程师”，甚至曾引发“星期天工程师”是功臣还是罪人的大讨论。回望历史，无可否认，这种人才的自由流动，技术作为生产力第一要素的充分释放，是苏南经济模式起步的重要支撑。

平望的发展与之同频共振，其便利的交通，不仅可以更加便捷地借助上海等地的技术优势，还成为很多产业转移的首选之地，平望由此开启了乡镇企业蓬勃发展的新时代。其间，不乏纺织厂崭露头角，一代平望人因此实现了资本的原始积累。

待到周边盛泽、嘉兴等地的纺织产业兴起，平望得以迅速响应，并且恰逢其盛，为这个中国纺织品集散中心贡献了枢纽版位。

南来北往中的温情

今天走进平望的人，大概会以为平望是粗糙的。

不同于周边偏安一隅的江南水乡，因几经战火损毁，平望少有深宅大院和保存完好的古迹。甚至，因为处在全产业链的中端环节，上不靠能源的大气恢弘，

四通八达的水网是过去平望兴盛繁荣的关键因素。运河上的来往船只载着南来北往的商贾过客、米粮、丝绸，也承载着平望作为水上交通要道的小镇骄傲。摄影 / 邹秋林

下不见服装的精致美丽，平望的产业园区也多带着创业时代的草莽之气。但如果深入镇子的细节里，生于斯长于斯的平望人，会告诉你这个小镇的另一面和深藏其中的气质。

20 世纪 90 年代，出生于平望的沈坤荣远赴欧洲留学。在莱茵河边，沈坤荣想起了夜宿梅堰的夜晚，枕畔传来頔塘河里轮船的汽笛声。他说，在那一刻深刻地认识到，运河与人们的生产生活紧密相连，是真正活着的河流，是最生动的景点。

在沈坤荣成长的岁月里，运河人家的生活是清贫的。但逢年过节或农忙节气，家家户户都做青团、糕饼、麦芽塌饼等点心，互相赠送。青团的青，可能是勤劳的主妇在前一年酷暑时节打下丝瓜叶、南瓜叶用石灰蒸烂所得。而麦芽塌饼，一定是家里的孩子放学后挑遍整条田埂，才凑拢了足够分量的佛耳草。沈坤荣记得，村里“教书先生”家的麦芽塌饼总是最后一个吃完的。即便是物质极端匮乏的年代，家乡人仍以这样朴素的方式表达着对读书人的崇敬。

如今沈坤荣早已学成归来，念及故土，不忘的仍是这座小镇的琐事庸常。而留守本乡的平望人，仍在小镇里延续着沈坤荣去国离乡时的念想。

1951 年，在遭日军轰炸过的废墟上，平望镇上 18 位名医创立了如今以中医特色闻名遐迩的吴江中医院前身——平望联合医院。因米市兴盛带来货殖流通顺畅，平望中医可以更方便地获得药材，因而平望镇上的中医团体早有规模。不过

小小一个镇，能聚拢 18 位名医，其中甚至不乏国手，在当时仍有极大影响，堪称苏州吴江乃至周边地区规模和水平首屈一指的大医院。

其中的牵头人，名叫秦东园。秦东园出身中医世家，其祖父“秋农公”和父亲“澜伯公”都是远近闻名的中医内妇科医生。如今，秦东园已过世，儿子秦均天很早就继承了这一中医事业。

因着积攒下的名声和便利的交通，秦均天经手的时代，来这里求医的病患仍络绎不绝，门诊量大得惊人，秦均天曾创下一天做 12 台阑尾炎手术的纪录。如今已退休二十余年的秦均天，仍在有百年历史的老宅中给不断前来求医问药的病患做义诊，积攒的病患资料和诊断笔记足有一百多册。“但愿人皆健，何妨我少钱”，秦均天把这句话写成对联贴在祖宅门上，仍在这座小镇里过着秦医生的日子。

“凡是过往，皆为序章。”如果说运河是平望的来路，那运河也将是平望人精神的归途。我们可以从过去的运河与现在的产业读懂这座小镇的历史兴衰，更能从风土人情的每一个细节中感受运河给平望人遗留下的精神气质。

沈坤荣离乡留学时，八十多岁的祖母临行前嘱托：“我们平望人，见惯了南来北往，心胸与格局是开阔的。”这成为沈坤荣一路走来不曾忘却的信念。而实际上，对每一个留守或前行的平望人，这句话都在内心长久适用。

姑苏深巷，茶馆二三

文 詹忆梦
绘 Paprika

明清时期繁盛的苏州，
催生了苏州城内星罗棋布的茶馆。
人们凭栏倚靠，闲坐馆中，
聚集在茶桌上喝茶、聊天、谈生意。
热闹起来，也围坐台下听评弹、讲书场。
形形色色的人物在茶馆中上演生活百态，
演绎着属于苏州人的市井风韵。
今天的苏州人仍去茶馆，
园林中，街巷里，细细品味就会理解，
茶馆里的确藏着苏州人的风雅趣味。

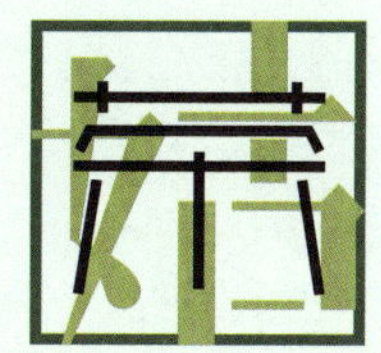

天蒙蒙亮的时候，苏州老茶客金福就已经起床了，多年来的生活节奏，让他习惯了在凌晨四点钟去附近的茶馆喝一杯茶。

太阳还未升起，露水打湿了鞋子，脚下的青石板路泛着湿冷的光芒。从石家港桥向南，走进巷子深处，在巷子另一头，紧挨着北新桥的一间泥瓦房，暖光微亮。一条河，一条街，再一条小巷子，两横一竖，就串联起了苏州人的生活范围。在这个横与竖的交界处，伫立着一家平安茶馆。

推门一进去，里头，是另一番天地。

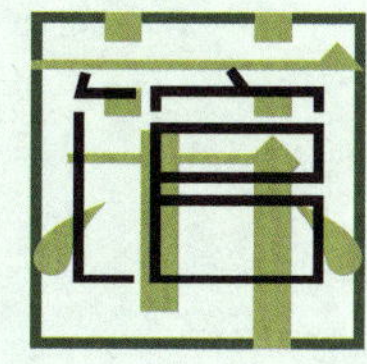

茶馆里头，全是新鲜事儿

金福不是唯一一个凌晨四点来喝茶的人，此刻坐在茶馆里的，大多是熟面孔。金福今年73岁，捞螺蛳这个行当干了50年，附近村子里的人大多都是像金福这样捞螺蛳、捕鱼虾的渔民。渔民起得早，出门之后往往都来“孵茶馆”。

孵茶馆的“孵”，传神地表达了苏州人泡茶馆的精髓。平安茶馆里的茶客爱聊《山海经》，把古老的神话拿出来侃上一通，伴随着茶水和茶点下肚，才算是开启了一天的生活。付过微薄的茶钱，金福就上了渔船，一直忙碌到夜晚十点钟。

“这里就是这样，一直都没有变过。”金福和其他老茶客们这么感叹。

一句淡淡的话，像是一根茶叶梗被沸水一冲，翻起了苏州茶馆的几番浮沉。

苏州人喝茶有惯性。茶馆盛行的年代里，天色泛起鱼肚白，茶客们就起床了。从自家巷子里走出，路过深院高墙，路过低矮平房，路过正雾气腾腾的大饼店、面馆，再从巷子拐出。这个时候，街上的喧嚣早已经开始。

茶馆位于街中极为醒目的地方，众星拱月似的围绕着餐馆、酒肆、小吃店。等到午市，茶馆又掀起了新一波的浪潮，乡绅、名流、农民、商人，苏州城里叫得上名号，叫不上名号的，都往茶馆里去。这是打听商情、互通消息的好地方。卖点心的小贩也进了茶馆，盛着各色小吃，等到表演中间休息的片刻，就放开喉咙叫卖，“火腿粽子……”“五香……茶叶蛋”，叫卖声相继起伏，声线不一。

当然，金福口中的“没有变化”，也不全然正确。

茶馆的繁华，始终紧随着城市的脉搏。清代画家徐扬绘制的长卷《姑苏繁华图》中，仔细辨认的话，不难发现画卷上的三处茶馆：一处店面不大，仅一开间；还有一处则稍气派一些；第三处在虎丘山下，正山门东边，枕河而设，

苏州人"孵茶馆"由来已久，通常天光还没大亮，早起的老茶客就落座茶馆了。沿街沿河的藤椅，一杯浓茶下肚，一天的时光从这里徐徐开启。摄影 / 戴忠诚是一家纯粹的茶馆。

从这一幅繁华的长卷上，我们大概可以想象到清代苏州茶馆的盛况。几个农人在简陋的茶铺吃茶闲聊，东家的羊，西家的娘，信息被拼凑、梳理。在众人说上几个来回后，信息逐渐被勾勒清晰，随后通过这家茶楼、那家茶肆，传遍了整个苏州。

明代苏州才子唐伯虎的诗中称“世间乐土是吴中”，其时，苏州为全国货物集散中心，商业繁荣名扬天下。从远方来的货船、竹筏，豆子一样漂流在这个水网密布的城市。河流沿街，店铺林立，街上行人摩肩接踵，熙来攘往。城内堆满了各种珍贵的药材、鱼米、丝绸，天南地北的商贾操着不同的方言，通宵达旦地来此运销商品。到了乾隆年间（1736—1795），市区扩张，市肆越发繁荣，于是有了《姑苏繁华图》里的盛况。

人们都渴望有这么一处地方，除了喝茶歇脚外，还能撞上各色人物，听到千奇百怪的消息。茶馆在这样的背景下应运而生，“闲聊”“娱乐”成为茶馆最要紧的事。明清时期的茶馆更像是一处公共空间，承担着商品交易、信息传播等诸多功能，在人们日常生活中扮演了重要角色。

苏州人平日里的摩擦、矛盾，要讲理就上茶馆讲去。两方把是非曲直说上一番，让周围的茶客过来评。通常还得请上当地富有威望的长者做个最终决断，理亏的一方就出个茶钱。输的人心服口服，赢的人出了一口气。这种草根的调解手段，也叫“讲吃茶”，几乎每天都在茶馆上演。

商业活动交流也常在茶馆进行。苏州城市各个区域都有手工业的基本分布，比如苏州的米商，就把茶馆选为互通消息的地点，他们每天早晨都在茶馆互通消息，谈论市场粮价的涨落变化，俗称“茶会”。

更多的人来到茶馆，则是为了满足交流欲。茶客高谈阔论，大至国际形势，小至邻居秘辛，无话不谈。打过照面的，看着眼熟的，坐在一张桌子上就是茶友。为了探究一句半句的事理，双方争得面红耳赤，场面激烈。茶馆以它独有的口耳相传的形式，为苏州人之间建立了一种古典而深厚的连接，那些在无数个晴天雨天日子里的闲谈，照亮了渴望新鲜事物的人们的脸庞。

茶馆里听评弹，说尽人间道理

外头怎么变，茶馆里永远都有一重精彩的声音——评弹。这种以苏州方言来说、弹、噱、唱的传统说唱艺术，深受当地人喜爱。表演评弹的艺人，也被称为“说书人”。

不少评弹艺人亲历了茶馆里演评弹的热闹场面，袁小良即是其中一个。

袁小良出生于曲艺世家，如今已是苏州评弹博物馆馆长。在他的口中，茶馆丰富而生动，并紧紧与评弹捆绑在一起。至于这种依存关系从什么时候开始，袁小良本人也很难说清一个确切。比起同样起源于苏州的昆曲，评弹似乎更符合茶馆的气质。早期茶馆为了招揽客人，将评弹搬进了茶馆；而评弹也借由茶馆这个场所，获得了更广泛的听众。

起初只开早、午两市的茶馆，因为评弹，特地开辟出了晚市。资深的老听客们早已熟门熟路，有演出时，茶馆门口挂上两块长约二尺、阔一尺五寸的木牌，上面贴着大红纸，写着“夜场特请 xxx 弹唱”，一侧写开书日期和时辰，另一侧写着“风雨不更，诸君早降”。

评弹表演形式简单，不拘于人数，最简单时，说书人靠一张嘴，一把三弦，一把靠背椅就能编织出一个远在千里之外的世界。在评弹书目中，才子佳人、侠义江湖是永恒的主题。那个数百年前的大盗，还有根本不存在过的村夫，故事上的人物一个个地出场，茶客听得喜了，好像日子也舒服了一点；茶客听得怒了，砸碎了茶杯，还和台上的艺人冲突起来。

双方在拉扯互动中，茶馆捧出了角儿，角儿又成就了茶馆，袁小良也正是在这样的环境中积累了个人表演经验。

每一次开始表演前的十分钟，他总要先喝口茶水，一来润嗓，二来也起到镇定作用。在茶水热气飘上来的间隙，袁小良借机观察底下的众人：倘若是在乡下的茶馆，他就把故事的叙事讲得曲折离奇，穿插一些求雨、算命等乡下人关心的话题；倘若是在城里的茶馆，来听的人又以文人、名流居多，他就选择文雅的书目来讲，搭配典雅的唱词。

在喧嚣的茶馆中，让众人的耳朵跟着评弹走，也全靠评弹艺人的本事。苏州人的耳朵刁，评弹说得好了，茶客掌声雷动，这叫“落雨”；倘若说得不够精彩，底下的茶客就很直接地发出议论声，这叫“啰嘈”；更加过分的是“抽签”，指的是不等演出结束，茶客就起身走人的行为。

袁小良巧妙地借鉴了茶馆的闲聊模式，在表演前先说一段开场白，就像是跟茶客平日说闲话似的，说起今天城里发生了什么大事，其他地方又怎么着了……听的人带劲儿了，袁小良再把话匣子一收，进入今天正式表演的书目。

这些被精心设计过的闲聊，也是评弹所具备的特有魅力——没有一场茶馆的评弹是一样的。

“那个时候聊天多有劲儿啊，不像现在。”袁小良感叹道。

袁小良口中，茶馆的时间被拉得很慢。一部书说上数个月，说的人起劲，

在苏州，要数园林里的茶馆最得风雅了。八仙桌上茶气氤氲，阳光透过窗棂把窗外的草木花石映照到茶桌上来，时光仿佛就此慢下来。图为苏州拙政园的茶室。摄影 / 马铁梅

始建于清末的同里南园茶社，至今仍保留了过去苏州老茶馆的格局和陈设。老茶楼里照旧有评弹表演，三弦声起，琵琶声轻轻诉，喝茶间，仿佛就能把人带回过去。摄影 / 韩青秋

茶客们喝茶通常不为“茶”本身而来。一把紫砂壶，一瓶热开水，天南海北、家国大事、恩恩怨怨都能在这茶汤中翻滚起来，自有千百种滋味。
摄影 / 李晓峰（左）
摄影 / 张克新（右）

听的人入戏；说的人把故事说得千回百转，听的人也累月经旬，废寝忘食。堂倌偶尔穿插在人群中，为了不打扰这样的气氛，只依靠着茶客的手势，为众人添水送茶点。

优秀的评弹艺人不换书，一部《三笑点秋香》，在茶馆里打磨上几个年头，顺着茶水的流速，淌出说不尽、唱不完的风流话。说书人借着书目说面相风水，说衣着打扮，说善有善报、恶有恶报，整个人间的是是非非，都能给人说尽了。茶客们也借出这茶气氤氲、人声鼎沸，体味这柴米油盐里的人生况味。

茶馆等雪，苏州人的风雅趣味

如今，苏州的茶馆仍有评弹表演。在山塘街、观前街一带，艺人只需演唱书目的唱段，而具体内容由客人点。当然，这样的表演不过是保留了评弹中的“弹”和“唱”，而少了“说”和“噱”。茶馆也不再是过去的茶馆，它们要么维持着原有的茶馆特征，实则有了新的经营方式；要么开在游客聚集的景区，评弹作为热闹的手段，失去了忠实的听客。

“但总归还在唱吧。”袁小良的态度很乐观。过去评弹的追捧者，有的成了朋友，有的反倒成了他的徒弟，跟着他学评弹。如今他仍会登台表演，书目

喝茶似乎成了苏州人的惯性。不拘时节，平常日子里三五好友相聚，冲上一杯农家熏豆茶，配上碟点心，就是一个惬意无比的逍遥下午。
摄影 / 斯小乐（左）
摄影 / 孙晓东（右）

也与时俱进，我们见面的当晚，馆里正举行国际说唱艺术交流活动，他和妻子在博物馆里表演了一出呈现中西方观念碰撞主题的评弹。戏是新的，但当他的手指拨动三弦，唱腔清晰地传出来，那种熟悉的味道，老听客们立刻心领神会。大家各自呷一口茶，彼此会心一笑。

事实上，苏州大部分茶馆正在经历着注定来临的变化期。

茶馆正繁华时，被视为进取、开放的象征。区别于闭塞的乡村环境，茶馆成天都是鲜活的。商业情报的交换，信息的更迭，娱乐活动的花样，都在茶馆里活跃。随后，这世道越变越快，茶馆里的茶和人，却渐渐留在了原地。互联网的信息流取代了茶馆里“口耳相传”的传统传播方式，削弱了茶馆的信息流通功能；媒介的出现，包装出了形形色色的娱乐消费品，人们的注意力被迅速转移，而茶馆的位置，也显得有些落寞。

茶馆的冬天会过去吗？苏州人用自己的方式给出了答案。

当我在苏州的某个冬天的早晨，踏进艺圃茶馆的时候，茶馆内仍旧发生着一些不寻常之事。这一天的气温接近零摄氏度，根据天气预报，极有可能降雪。屋子里静悄悄的，没有暖气，茶客只能靠热水取暖。有两位茶客却已经早早地到了。

两人本不熟悉，但都是街巷里的邻居，在这个寒冷的早晨，特地赶来茶馆看雪。这般风雅的理由，倒像是明清时期苏州人的底子。古来大玩家张岱曾独

如今的苏州，茶馆林立的景象已不再，但在园林的角落、老街巷的拐角，茶馆内依旧喧嚣沸腾。图为苏州艺圃内的茶馆，从茶馆向外望，景致绝佳，是不少老苏州人的私藏之地。摄影 / 狄艮炜

自撑着小舟，带着火炉，前往湖心亭看雪，天光湖色一片皑皑，这般看似无用的精致，却是心底里对世俗生活的痴迷。今天的苏州茶馆内，仍旧有同样心境的人，变换了时间和空间，为着同样的目的相遇、赏雪。这一天是如此寻常，又如此不同。

他们等的雪，不一会儿就下起来了。随着雪势增大，茶馆的门被陆续推开，人们三五成群地进来喝茶、闲聊、看雪。声音逐渐沸腾，好似这样的热闹，两三百年了，从未停下。

雪中的茶馆，仿佛是一部慢速电影。你眼看在平地之上建起茶楼，乡绅地主，平民百姓，评弹丝竹，各自上马。然后人群又呼啦一声，早些时候的人离

开了座位。人来来去去，茶馆的水却一直在烧，烧到一个温度之后，又有人来，再续上这杯茶。

茶馆里这壶茶大概住进了苏州人的心里。他们忙碌半生，总会在某个雪天萌生出这样的念头：这样难得的日子，是要去茶馆里呷一口茶，和二三茶友共赏才好。只要这茶馆里，热腾腾的茶水一冲，三弦声一起，日子就能过出点意思。那些在苏州城里转悠过的才子佳人、王侯将相，在纵横交错的水巷打了个转，也会在某个午后，出现在从巷口走出来的人们的茶杯上。这个时候仿佛就能理解了苏州人，正如郁达夫所感叹的——苏州人的风雅趣味，是在茶馆里的。

开张的弓弦——《江村经济》八十年后

文 聂靖
摄 张祖道 等
绘 Paprika

江南水乡享山川便利，
自古都是富庶的鱼米乡，
男耕女织更是传统中国经典的劳作场景。
开弦弓村是太湖南岸众多水乡村落中的一座，
因三十年代费孝通的调查报告而备受世界瞩目。
费孝通眼中的江村，
是西方文明冲击下向工业化转型的中国农村的缩影。
八十多年过去，
这座村子依然体现出中国农村在变迁时代的种种侧面。

初冬的傍晚，连日阴雨让江南原本湿冷的空气更添一分寒意。开弦弓村安静得出奇，村民们已开始准备当天的晚餐，刀斧声在巷弄里此起彼伏。听得再远些，能感受到百米开外公路上车辆轧过路面的疾驰。

绵绵细雨从空中落到小清河里，向东离去。河水碧绿但不算干净，有些地方漂着蓝藻的水华。灰黑色调的民居随河蜿蜒，时不时有散落的石阶从岸上伸入水中，村民们称之为“桥口”。那是各家的码头，现在却船只寥寥。岸边零星悬挂着绿色的网笼，对岸的妇人麻利地从水里提起一只，取走了里头的鱼虾，回屋去了。

“这里有什么好看的。”正在做饭的女人从屋里走出。沿河的房子只在河边开窗，屋门则是朝着通向河边的巷弄。“这么多年，没什么变化。”她有些抱怨。

她见过太多像我这样在河边看东看西的年轻人了，知道我们是来做调研的，也知道我们眼里什么是“好看的”——“变化”。

“和费孝通最初来的时候，变化还是很大的吧。”我笑着说。

“费孝通来看么变化是大的呀，我来看么就没什么变化。”妇人还是坚持她的意见，补了一句“还是那么破”，又回屋做饭去了。

江：“氵”与“工”

开弦弓村是苏州境内一个普通的水乡村落，坐落在太湖南岸，隶属于吴江区七都镇。村子没有特别的物产，发展水平在苏南也只是中等，但在国际学术界却是大名鼎鼎。研究者和媒体更喜欢把它称作“江村”——社会学家费孝通在《江村经济》里起的“学名”。这部人类学经典让世界对中国的目光聚焦到了这座小小的村子。

“江村”的来历，据说是因为江苏、吴江还有费孝通的别名费彝江里都有一个“江”字。江村没有江，但确实和水有分不开的联系。地处湖泊相沉积平原的“水乡泽国”，出村往西北走几里地便可抵太湖。荡、漾、河、港，把大地割裂得破碎，一块块被水包围的平地被称为“圩”，构成了村落地理的基本形态。

从开弦弓村的公交站下车，首先映入眼帘的便是费孝通江村纪念馆。馆内有一座费孝通雕像，仿佛他始终是个白发苍苍、和蔼可亲的胖先生。实际上，1936 年第一次江村调查时，费孝通是个年仅 25 岁的瘦削小伙。舟楫穿过桥梁前

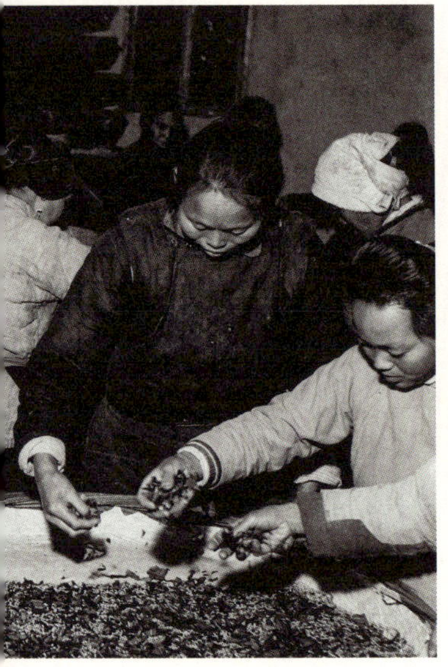

20 世纪 50 年代

养蚕是开弦弓村的传统副业，村民们沿用了费达生传授的养蚕技术，但是组织方式从家庭生产转向集体劳动。（左）
热闹的合作商店是集体经济时代的缩影。（右）

行，河道两岸绿油油的水稻田摇晃着向后退去，大概是他初次到访开弦弓村时的沿途景象。年轻的费孝通可能不会想到，自己余生都将和这座村子发生羁绊，前后来访 26 次，追踪观察了 66 年。

初访江村前一年，年轻的费孝通与新婚妻子王同惠赴广西大瑶山调查，发生意外，妻亡己伤。待伤势稍转，姐姐费达生建议他回家乡吴江休养，到开弦弓村住几天。此时，费达生在村子里已经扎根十年了。20 世纪初，随着世界工业发展，生丝价格下跌，江南传统蚕丝业到了崩溃的边缘。在科学技术下乡的浪潮中，费达生来到开弦弓村，致力于推动当地的蚕丝改革。她的团队先是把育种、消毒、制丝的技术带到了村里，吸引村民加入，1929 年又成立了生丝合作社，开办现代化缫丝厂，把工厂制度引入乡村。当费孝通来到村子里的时候，村民们称呼他的姐姐为“费先生”，称他“小先生”。

盛夏的7、8月，正赶上一年中蚕丝业的最后阶段和农活的最初阶段，“小先生”很快就被在村里感受到的时代脉动所吸引。开弦弓村是正在走向工业化的中国农村的缩影：世界市场的冲击下，旧式家庭手工业逐步被近代工厂所取代。个体劳动到集体劳动的转变为乡村工业的技术革命提供了基础，而女工等新兴社会身份的出现则带来了伦理观念等方面的变革。

八十多年过去，旧时进村路上开阔的田野不见了，一座座纺织厂遮挡住了视

20 世纪 80 年代

要想富，先修路。1982 年，开弦弓村开始修筑庙港通往震泽的公路。（左）改革开放使乡镇工业逐步恢复，不但村民们回到工厂，大量外来劳动力也来到开弦弓村。（右）

野，昭示着时间带来的巨变。村里有十余家民营工厂和二十余户家庭作坊，村级企业吸收了大多数村中人力，并创造了全村生产总值近九成的财富。江村的“江”字，从“氵”从“工”，仿佛成了水乡工业化的奇妙谶语。

江村之路并非一帆风顺，我们甚至无法忽视其中的断裂来单独评价村子八十年前和八十年后的变化。早在 1938 年，费孝通尚在撰写《江村经济》之时，村中缫丝厂就因为日军入侵而拆毁了，解放后的种种政治运动继续扼杀着乡村工业的萌芽。直到 1978 年改革开放，开弦弓村的发展才迎来了转机。然而，因为农民天生的保守心态，这个“工业下乡”的先行者并没有在第一时间抓住机遇，也未能走在苏南乡村发展的最前列。小清河边木屋、砖瓦房和洋房夹杂着向远处延伸的景象，显示出村民们凭借吃苦耐劳换来的“一步一个脚印”。

经济发展得好的村子在江浙有很多，“江村”却只有一个。每年，数不清的师生、媒体怀揣着《江村经济》来村里重访，村民们早已见怪不怪，就像河边巷子里的妇人，会很自然地和来访的陌生人搭话。村里的精英们自觉地想要讲好他们和费孝通的故事。倘若有村委会的同志或是精通掌故的老人带领，你可以看到哪里是费孝通坐船上岸的码头、哪里是费孝通住过的旧居、哪里是和费孝通有过交往的老人的家。

然而，费孝通本人最想讲好的却只是村子本身。如果你真的想到村里看看，

20 世纪 90 年代

当集体劳动时代过去，生产回归家庭单位。电扇代替手摇木风车用以扬谷，提高了效率。（左）
随着家庭作坊复兴，村民们的灶台成了供应工人们伙食的厨房。（右）

不妨绕过官方或是学院的渠道，悄无声息地来，在未经“安排”的路线上自由发现。当然，现在这样的阴雨天可能不是“自由行”的最佳时机。村里人家的门户因为雨水和寒气而关得紧紧的，路上行人更是少得可怜。

“孩子，进来吃口茶，暖暖身子吧！”一位老阿婆看到了我们，从门里出来。

求之不得！

费：“$”与“贝”

老人把我们迎进屋子，拉开板凳，用抹布仔细地擦了几遍后叫我们坐下。

屋子的一楼是厨房和厅堂，因为没有隔断而显得很宽敞。高高的砖砌灶台有着典型的江南风格，上方供着灶神，烟囱直通屋顶。家具物件靠着墙被码放得整整齐齐，楼梯下的角落则隔出一块空间，养着几只白兔。

当我们四处张望之际，老人已在桌上撒了些熏豆作点心，又在碗里盛了少许，倒入冰箱里取出的茶叶和胡萝卜干，冲上了满满的热水说：“来，吃茶！”

热气腾腾的熏豆茶是几乎所有江村调查的经典开场。每年中秋前后，太湖南岸吴江、湖州等地的村民都会采摘当季新鲜毛豆，放入盐水蒸煮，再用炭火熏烘制成“熏豆”。人们惯用这种表皮微皱、口味咸鲜的豆子招待宾客，既是茶，也

2018 年

八十年间，小清河两岸景色已发生巨变，新房取代了老屋，基础设施也大为改善。摄影 / 徐志强（左）
河边屋中，方阿婆喝着熏豆茶，那是乡土的味道。摄影 / 陈钰曦。（右）

是茶点。茶碗里红绿相间，饮一口，茶叶的清香与熏豆的烟火味交融，很难不让人想起江南水乡里男耕女织的景象。

阿婆名叫方秋英，今年 75 岁。她本是苏州吴县（今吴中区）人，年轻的时候嫁到开弦弓村，才盖了我们所在的这座房子。在厅堂的角落，我发现了一台静静安放着的轧稻机。

“那机器早就不用了，只是舍不得扔。” 阿公也从楼上下来了。过去，他以种稻为业，这台轧稻机是家里重要的生产工具。一楼宽敞的厅堂既是吃饭会客的场所，也是从事蚕桑、堆放工具和粮食的“工作区”。现在，鱼米之乡只有鱼没有米了。村民们不种稻了，除了少许田地还在种植经济作物，大部分都改成池塘，养起了虾蟹。方阿婆家的地也是一样，包给别人做了养殖塘。如果从空中俯瞰，连片的养殖塘从太湖一直延伸到内地，使开弦弓村更像是坐落在湖泊中央的“渔村”。

方阿婆说，年轻时她是带着老家的技术来村里的。60 年代中期，村里办蓑衣加工厂，她领着十来个年轻女工做蓑衣。可没过几年，塑料雨衣上市，使这门手艺没了用武之地。

后来，阿婆的主要劳动就成了给人洗衣服，同时养些蚕宝宝补贴家用。养蚕是水乡人家非常重要的经济来源，在开弦弓村有着悠久的历史。可以说，没有养蚕就没有费达生的桑蚕改革，也没有费孝通的《江村经济》和农工相辅的思想。“村里没有人养蚕了。”和蓑衣一样，传统中国里延续了千年的东西，它的消失往往只在一瞬。

“田都没了，桑树都没了，还养什么蚕。”阿公插了一句。在开弦弓村，上了年纪的老人大多都对种桑养蚕有些怀旧之情，但在现实和经济利益面前，似乎也还是后者更重要一些。毕竟，同一亩地，鱼塘的收益几乎是稻田的六倍。

屋后的小院别有洞天，可以通向三栋瓷砖贴墙的两层别墅，那是阿婆子女的房子。孩子们都不在家，他们是村里的“上班族”，此刻正在村中某处厂房里干活。大儿子做保洁，看管着两家丝织厂的机器；小儿子做纺织工，每天“拉羊毛衫”。“拉”最早是指手拉横机编织，如今大多升级为电脑横机编织的情况下，只是沿用了这个动词。“羊毛衫”也并非都是纯羊毛，而是代指广义的针织衫。丝织和纺织正是村中最主要的工业。

村里的“羊毛衫”有的产自工厂，有的出自家庭作坊，最后却殊途同归运往浙江桐乡的濮院。那里在明清时也曾“日出万匹绸”，是与震泽、盛泽、南浔等地齐名的桑镇。90年代末，技术瓶颈和市场冲击使得整个江南蚕桑行业崩溃萎缩，离开弦弓村最近的震泽开始专攻蚕丝被的生产，而濮院则逐步转型成了国内最大的羊毛衫集散中心。步入新世纪，养蚕区从江南向中国西部与海外转移。开弦弓村从养蚕缫丝到单纯纺织的历史，恰是整个太湖南岸“丝绸王国”的缩影。

村里人说，江村纪念馆的建筑设计化用了“费”字上半边的字形。而在我看来，“费”更形象地是“$”与“贝”——世界经济与传统经济的碰撞。这种碰撞正是《江村经济》的叙述主线。小如开弦弓村，在近代之初便卷入了世界市场，由是引出了费达生等人的改革。这种影响持续至今，而村庄的命运也牢牢和它所处的区域绑定在一起。

在八十多年前那位“年轻爱国者”的设想中，“$”与“贝”碰撞的结果既不应是传统的守旧，也不应是西方社会的翻版，而是一种基于自身乡土特色的现代化。可变化终究来得太快：农桑变成了池塘，农民变成了“上班族”，农村变成了“工村”。

开弦弓，离弦箭

方阿婆带我们去二楼她的居室参观。房间里陈设很简单，家具也很陈旧。正对房门的醒目处有一个大镜框，里面放满了家人的照片，是阿婆的“照片墙”。照片里出现最多的，是阿婆的孙女。姑娘今年26岁，和村中大部分同龄人一样，在村里读了小学，到庙港（原先开弦弓村所属的镇，后并入七都）读中学，再去外地读大学，最后留在了城市。“知识改变命运”，优秀的年轻人走出乡村，似乎是一种不可逆的趋势。

社会学家们本寄希望于靠乡村工业留住土地上的人口，乡村工业也确实改变了农村结构，消化了像阿婆子女那样的劳动力，但它终究还不足以留住年轻人，尤其是大学生。无论是田间地头还是作坊和工厂，大多数岗位需要的只是廉价劳动力而非受过高等教育的年轻人，村里就业能提供的待遇和发展前景就更不能和城市里相比。方阿婆的孙女如今在吴江的企业里工作，准备明年结婚，未来不太可能再回到村里居住了。

方阿婆说，我们和她的孙女差不多大，她看着喜欢。年轻的时候，父母早亡，她拉扯着四个弟弟妹妹长大；成家没几年，丈夫应征入伍，一去七年，几乎靠一己之力又带大了三个孩子。她深知为人父母的不易，“都是父母养的，看到来村里调研的人，都会请他们进来吃吃茶。就算是讨饭的，也要给点饭他们吃的”。

方阿婆把这些归结为看重“名气”，“如果做了什么昧良心的事，人家是要说闲话的”。村民们应该是很信服阿婆的“名气”的。2003 年方阿婆牵头联系村民捐资 14 万元重建了“曹大人庙”（官方名“东永宁庵”），这座庙一直由她管理，供奉着几十尊大小神像，是村里主要的宗教场所。但现在，阿婆却有些难过。村民之间“说闲话”的机会少了，这种“舆论监督”人们也不当回事了。她还看不惯一些村民对外来务工人员或调研者的冷漠。方阿婆年纪大了，这些话她翻来覆去讲了好几遍。她会越来越老，那些像她一样古道热肠的人们也是如此。

站在二楼的阳台上，可以看到经典的水乡景观。小清河自西向东划出一道弧线，如一把张开的弓，北塍港横断插入，如箭在弦，村子正因此得名。阳台上看不见的，是两支无形的箭。年轻人的离去和乡土传统的消退，正从不同方向拉扯着这个不断前行的村庄。新的、旧的都留不住。古话说，“礼失而求诸野”。几十年后，我们还能期待中国的农村承载些什么呢？

临走时，方阿婆用保鲜袋给我们装了几大把熏豆做礼物，这是乡土的纪念。在开弦弓村参访的日子里，几次从阿婆把我叫住的那个门口路过，她总要和我们打招呼，还邀请我们一起吃饭。我总感觉到，这片土地上的人们是有话要讲的。

学者和媒体有时会把开弦弓村比作“世界了解中国农村的窗口”，其实一个村子安放不下那么多问题。它只是中国六十万乡村中的一个，居住着中国八亿农民里的极小一部分人。

苏州饮食的清雅传统

苏州，一年吃到尾，永不餍足

织就的江南

苏作光影：家具的雅逸与精道

物

苏州饮食的清雅传统

文 王恺

苏州自古就是鱼米之乡，
其水产之盛、谷物之多，
在全国久负盛名。
吴人善治鱼，
久有传统。
一代代传承有序的苏州厨师，
脍不厌细的程度超出常人想象，
和“苏工”的细致程度异曲同工。
“上有天堂，下有苏杭”的美名，
有很大一部分要得益于苏州的美食之妙。

苏州有着悠久的鱼米之乡的传统。就苏州饮食的系统来说，确实是水产品的菜肴和稻谷所做的点心最为发达。吴越之地，讲究饮食的传统已有千年，根据现在的考古发现，在苏州的草鞋山、澄湖、昆山赵陵等地挖掘出大量稻谷粒、稻壳堆，还有各种贝壳、猪骨、鸟骨架。商周时期，吴人已经用柚子皮治疗“愦厥之疾”，随后的古代典籍中，橘子皮使用在鱼烩、鱼鲊中也常见。吴人善治鱼，久有传统：专诸去太湖边学习炙鱼，刺杀吴王的故事，就发生在这里。

西晋张翰的莼菜鲈鱼之思、隋代记载的苏州进贡到长安的“蜜蟹拥剑”、唐代的“玲珑牡丹鲊”、宋代陆游写的苏州船菜“酒如清露鲊如花”都说明苏州是个物产丰富，以水产为烹饪特色的城市，以至于宋末之时，苏州的“饮食服饰”已经以奢侈之名名冠天下了。

到了明清，苏州的水产之盛、烹饪之珍，已经在全国获得了无上盛名。从传统上来说，民国时期尚在流行的船菜，还有 20 多道；从时令上来说，到了清明前后，苏州人要追江鲜，太

苏州地区水网交融，物产丰富，造就了苏州人对饮食的讲究，苏州人的嘴刁，实在是被苏州的天时地利给骄纵出来的。
摄影 / 孙晓东

湖之中，常年有白鱼、白虾和银鱼的“三白”，池塘之中，则有十二个月月令的可吃鱼类，还有秋天的蟹宴，夏天的三虾，一年四季，离不开水族的供养；素菜则是水八仙，几乎离不开水里生产出来的各种物产——所以你说苏州菜是离不开水产的，绝对没错。

至于米，也是苏州人把米饭吃得出神入化，不说家常的蛋炒饭、咸肉菜饭，就说清早的一碗粥，配它的小菜就有十几种，酱瓜、虾油瓜、水菜、虾子鲞鱼，一样样放在碟子里，陈列开来，就像宋代文会图上的场景。这些年走红的秃黄油拌饭，也是苏州人为了对付蟹黄蟹膏的丰美油润，而设想出来的一道美味。

更值得说的，则是把米做成年糕、各色糕团，在一日三餐之外，当作点心。苏州的各色糕团也分节令，配合各个季节的新鲜植物，绝不重复。我老是觉得，国内最像日本京都的城市，就是苏州，还是因为对气候、物产的精细区分，以及一丝不苟过日子的态度。

这些传统，又被文人记载了下来，提高了苏州饮食的声誉，从早期的“莼鲈之思”，到明清的董小宛，《浮生六记》里的芸娘，都在那些醇厚的味道之外，增加了文士的雅思，一点都不会让人觉得单调、乏味。“上有天堂，下有苏杭”里的一部分，都得归结为苏州的饮食。

与其他食材丰富的地域相比，苏州保留了名厨的传统，当地人上餐馆，往往是要“吃手艺”的，厨师如果只会做几样土菜，往往这家餐馆就不能登上大雅之堂，虽然有可能生意还不错。

苏州的厨师系统，传承有序，很多厨师会骄傲地提到师傅的名字，以及供职的餐馆，很多餐馆已经是百年老店，所以这个系统很是牢固而庞大，并不能轻易突破，外地厨师为主的餐馆，想做地道的苏帮菜，常会受到鄙夷：他们从小就没吃过我们的菜，口味不一样。

因为有严格的训练，所以苏州餐馆的菜肴，一直奉行精细传统，依稀可以看到明清时期苏州菜最负盛名阶段的影子。明清两朝，苏州的名宴席、船菜、寺院素菜都是文人笔记里常见的记录对象，《随园食单》《红楼梦》里都有大量苏州菜的记录。当时苏州的官府菜、乡绅菜都被各地官员推崇，名厨张东官就被地方官员送上京城，去给乾隆皇帝做菜，翻检清宫档案，经常可以看到乾隆给张东官各种赏赐的记录。溥仪的弟媳爱新觉罗·浩曾在《食在宫廷》一书中记录过张东官的手艺，说他做的菜和点心清淡美味，但又具备食物本质的香味，所以宫廷里专门给他设立了苏灶，北京民间的苏灶肉、苏灶鱼，很多都是他的制作方子。

往事难追，但厨师对自己手艺的要求，还是以精细为方向，苏州人食

西晋张翰见秋风起，思念家乡吴中莼菜羹、鲈鱼脍，“莼鲈之思”千古流传，从侧面反映出苏州当地不时不食的悠久传统。
摄影／陶源

与其他食材丰富的地域相比，苏州保留了仰慕名厨的传统，当地人上餐馆，往往是要“吃手艺”的，厨师如果只会做几样土菜，往往这家餐馆就不能登上大雅之堂。摄影 / 赵礼威、李勇

不厌精的程度，超出想象，所谓把豆芽菜挑空，里面放肉末，并不是传说，我听过多位苏州人向我强调长辈会做此菜，确实会不厌其烦，脍不厌细，和整体“苏工”的精细程度，是同一个系统。

拿调味品来说，苏州的菜品为了有多味，所以有很多独家的调味方法，伏酱、秋油、鲜糟、笋油、虾酱、蕈油等非常繁复，而且均要求是本地所产，正宗调料。旧时苏州的烹饪不用料酒，专门用酒酿上的一层，称为酒酿露，去腥效果更好，还甜美。旧时烹饪用水也都有讲究，不少名店还有自己的专用水井，现在就算是天翻地覆，不少名厨做汤，还只用农夫山泉的水来烹饪，追求汤的质感。

拿苏州名菜来说，每一道菜在烹饪上都下足功夫，要不讲究刀工，如松鼠鳜鱼；要不讲究火候，如蜜汁火方；要不讲究材料的复杂性，如莼豆瓣汤。旧时平常人家做饭，也是一路讲究下来，绝对不将就。一粥一饭，都有无数的细节在内，也是吴风古韵的流变结果。

拿苏州早餐的一碗面来说，讲究的面馆，汤要精心准备，里面的鸡、火腿、猪骨等主料一点不能少，有些地方，要把鳝鱼骨、螺蛳肉都加进去，表面一点看不到，但内在全是鲜美的滋味；面又分多种，阔面、窄面、下几分熟、汤多少，都有要求。最上面的浇头，更是花团锦簇，一家家常的面馆，也有焖蹄、焖肉、爆鱼、虾爆鳝、鸡丝火腿、蘑菇油等一二十种浇头，让你从早上开始，就享受物产丰饶地区的一碗佳肴。会吃面的要去吃头汤面，煮面条的锅里水还清爽，面也爽利，看看陆文夫的小说《美食家》中的描写就知道了，面里就是不能有面汤气，否则美食家一天都不会有精神。

即使是最困难的时代，苏州人的美食精神也不曾消亡，看美食家老凡的记载，改革开放初期，物资紧张，他给女朋友的奶奶祝寿，请来一位名厨，当时只有两条草鱼，两桌客人一桌一条，清蒸红烧都可，可是大厨来了，硬是做出多道菜，鱼头和鱼尾做成松鼠鱼，鱼中段切成鱼片，和木耳烩成一盘，鱼骨头炸酥，往酱汁里一浸，做一道下酒菜，剩下的鱼皮、鱼刺还有鱼米，和蘑菇豆腐做成酸辣汤，一家人吃得心满意足。

这种讲究历经多少年而不改，不管时代是贫困还是富庶，精致的饮食精神已经深入苏州饮食系统的骨髓里。就拿现在苏州主推的吴中第一宴席来说，冷菜是蜜汁糖藕、盐水大虾、熏鱼、葱油萝卜丝、酱汁排骨，热菜是碧螺虾仁、蟹黄扒翅、鸡火燕窝、蜜汁火方、鸳鸯莼菜汤，点心则是姑苏船点。所谓船点，指的是苏州船菜里的点心，讲究造型，轻灵精巧，与官府菜的富贵堂皇走的是两条路，比如玫瑰松子石榴糕、薄荷枣泥蟠桃糕、桂花佛手糕，还有为数不少的蟹粉点

苏州周围星罗棋布的河湖洼荡自古就不宜稻，却适合水生作物，许多地方世代种植“水八仙”，莲藕就是其中之一。摄影 / 纪荷香

夏秋之交，正值鸡头米上市的季节，农人们忙着用工具剥鸡头米。摄影 / 马耀明

心。光看这些名称，就知其精细程度了。

有人说，在苏州，如果是素食爱好者，一定会非常满足，苏州是真正的素食者天堂，第一是食材丰富，各种食材不需要与荤食搭配，也可以自成一格；何况还有与素食渊源很深的佛教饮食传统的传承。

就太湖地区来说，除了传统的陆地植物之外，还有大量的水生植物，苏州当地甚至把许多湖泊称为水田，就是因为可以出产的水生植物多，最主要的就是“水八仙”。

所谓的“水八仙”，是苏州周边水域长期出产的八种水生植物，包括茭白、水芹菜、藕、荸荠、芡实、红菱、慈姑和莼菜。这些水生植物以鲜明的地方特色受到当地人欢迎，做成的家常菜因为鲜度高，所以不需要额外加工，比如油焖茭白、香干水芹、糯米藕、桂花芡实等。

而专业厨师更能根据这些食材做出素净的美味，苏州美食家老凡回忆，台湾地区的汉声出版社想做水八仙的书籍，他专门请厨师来家里做水八仙，根据水芹的季节特点，找出的古方，就是《山家清供》里面的“菹”，把水芹根切碎，腌渍后入油锅炒香，然后把处理好的山核桃肉撒在上面，一黄一白，山水相对。

莼菜是水八仙中身价最高的，太湖大批出产，《晋书》里张翰的“莼鲈之思”就是指向莼菜，一般习惯用莼菜和火腿丝做羹汤，实质上刚出水的莼菜饱含胶质，直接炒熟食用，也是美味。

苏州各处所出产的慈姑、藕、茭白质量都不错，也都是当地常见的蔬菜。芡实、荸荠，还有红菱，一般进入甜菜体系，荸荠加蜜加水煮熟，苏州人说可以清火化痰。鸡头米是名贵特产，苏州人喜欢南塘鸡头米，不少外地的鸡头米也冒充苏州货，打着南塘的招牌。老凡回忆，他帮助汉声出版社做的一桌水八仙菜肴，冷菜基本是素菜，茭白丁、蜜汁糖藕、凉拌茭白块、油氽慈姑片、糯米塞藕、水芹核桃等。苏州文人典籍里，记载水八仙的更是不胜枚举。

因为沾了食材的光，苏州寺院里的菜肴并不单调，反而显得有滋有味。还是老凡的回忆，苏州的文山祠是尼众道场，素菜看着很像家常菜，但是做出来更洁净，更有禅意，他吃过的香炸菊花叶，入口香脆，即使是香菇菜心、油豆腐烧萝卜等家常菜，也素雅有滋味。木渎古镇灵岩寺的素交面，全苏州闻名，很多人去爬灵岩山，爬完了一定要去吃碗面。还有更著名的寒山寺，传说康熙皇帝在这里住过七天，吃的都是这里的素馔，现在这里还有素宴供应，与外面的素菜相比，鲜美多了。

素，其实不仅仅是素食，更是一种观念，就是在荤食之外，时常让自己的身体清洁一下，如果在苏州，这点很容易做到。

苏州，一年吃到尾，永不餍足

文 王恺
摄 陶源等
绘 余佳莹

太湖边，
一年四季瓜果时鲜迭出，
骄纵出苏州人“不时不食”的传统。
如今，
这座城市仍保留着过去的饮食习惯：
早春的野菜、十二月令的鱼、秋季的大闸蟹、冬季的水八仙……
苏州人笃悠悠，慢吞吞，
精工细作，
享受着每个季节的食物。

如果硬要给苏州的饮食系统寻找符号，“不时不食”与食不厌精，还是最恰当。

这座历史悠久的城市，非常坚持地在现代化浪潮里保留了多处园林，保留了旧苏州城的布局，保留了过农业社会节日的习俗，比如“冬至大过年”。因为农业社会时代苏州的精英本色，使得苏州的饮食传统一脉沿袭至今，并未被现代化浪潮所彻底裹挟不时不食——反季节的食物、长途外运来的食物、快餐型的食物，在苏州基本上属于昙花一现。老苏州，这座城市，顽固地保留了吃自己熟悉的食物的习惯，且这些食物，都是自己周边土地生长的。

笃悠悠，慢吞吞，精工细作，苏州人对待食物的精神，也是农业社会能工巧匠的态度。

冬季的繁华

北方大地冰天雪地的时候，苏州城正吃得热闹，气候起到了决定性的作用。有一年冬日与苏州餐饮协会会长华永根先生吃饭，正近岁末，他兴

酱汁肉是苏州的传统名菜，卤酱菜之一。其特色是上口酥润，香味浓郁，皮糯肉烂，色泽鲜艳。

高采烈地说，你来得巧，有好东西吃。

好东西，原来是霜打过的小青菜，外地人熟知的“上海青”，在江南有另外一个名字——矮脚青菜，也不知道此菜最初的源头，不过每年过了 11 月，苏州城的矮脚青菜会隆重上桌，因为霜打的青菜，口感软糯不少，哪怕最厚的菜皮外壳，也有一种入口的绵软感，所以主妇喜欢，影响到现在的餐馆，也会推荐客人们来一道矮脚青菜——餐馆哪有这么隆重推荐素菜的？但苏州人不在意，他们知道东西的好。

最普通的小青菜，用油、姜丝，大火烹炒，却是一道美味。苏州菜的日常食材往往并不高级，就像苏州作家陆文夫所说：“家常过日子没有饭店里的条件，也花不起那么多的钱，所以家常菜都比较简朴，可是简朴得并不马虎，经济实惠，精心制作，这是苏州人的特点。”

拿苏州冬季另一道家常菜“烂糊白菜”来说，冬季的大白菜，外层最老的部位，用来做“辣白菜”——家常的咸菜，与朝鲜泡菜不同；中间的部分，切成细段，和肉丝小火烧烂，讲究的要烧几个小时，肉香彻底渗进白菜之中，吃的时候，白菜已吃不出纤维，只有一口一口的鲜香软烂，也有讲究的，加虾仁，也叫“虾仁烂糊”。据说上海人来苏州，在松鼠鳜鱼、清炒河虾仁之外，最爱的就是这道烂糊白菜，便宜美味，但并不因为食材普通，做工就松懈。

素菜这么精细对待，荤菜也不会差。冬天流行吃青鱼，一年四季，苏州要按月吃鱼，我在老厨师的工作手记上，真看到过每月的鱼的排序，1 月是青鱼，大概是年底青鱼最肥，苏州的青鱼在池塘上漂游，属于上层鱼类，吃螺蛳而不是池塘底的腐食，所以又有别名“螺蛳青”——肉质鲜美而缺少一股养殖鱼多有的土腥气，年底苏州人走亲访友，一定要有青鱼，放在篮子底，过去叫“年篮”，上面放年糕，红色对联，简直是天然入画的礼物。哪家单位的年底福利是青鱼，也可见效益不错——不过这都是过去的习俗，现在这种场面越来越少。

青鱼一般用糟法，在苏州观前街附近的百年老店“新聚丰”吃过一盘红烧糟青鱼，大块的青鱼肚腹，用糟泥泡上两天，然后洗净红烧，端上来只见金光灿烂的一盆，本来就肥，加上红烧的浓油赤酱，拿来就饭吃，完全不觉这是鱼肉，就是感觉这动物的蛋白质怎么这么美味？也有用糟青鱼和冬笋片氽汤的，淡淡的糟香，江南一带惯有用糟货氽汤的传统，不过一般夏天吃，取其清香，有助于胃口打开；可这里偏偏是冬天，大鱼大肉之后来这一道，有助于解腻。

去苏州餐馆点菜，最好还是要有一些常识，一般人不够清楚，往往只能吃大路货，比如去了饭店就叫“松鼠鳜鱼”，“松鼠鳜鱼”是好吃，但

苏州菜离不开当地的好食材。苏州市场里的鱼摊，鱼贩正熟练地处理着鲜活的鱼货。

松鼠鳜鱼，代表了苏帮菜偏甜而温和的口味。

苏州人将日常中的饮食做得精细，有着“春饼、夏糕、秋酥、冬糖”的说法。
摄影 / 阮传菊

很多餐厅为了应付游客，常常事先炸好几百条，等顾客点了，直接往上浇汁即可，等于一道流水线菜品。可是冬季去吃糟青鱼的顾客，厨师就不会怠慢了，反而会格外小心，知道你是吃客。去老苏州茶酒楼吃饭，此地属于苏州文联所办，当年也是陆文夫的倡议，菜很是经典苏州，我点了红烧糟青，结果没有，倒是有干煎糟青鱼片，点菜的大姐连声道歉，知道你是吃客——端上来的干煎糟青鱼片也足够美味，尤其下黄酒，那黄酒的酸香和糟青鱼的糟香混搭在一起，倒像一曲优美的二重唱。

除了鱼，另一道冬令荤菜佳肴就是“母油船鸭”。苏州冷盘里的卤鸭大家熟悉，也是江南菜的特点，浓油赤酱，偏甜，老派的苏州人，习惯夏天吃卤鸭，苏州人善于用红曲，所以最后卤制好的鸭子颜色红润。旧时传说，苏州松鹤楼的卤鸭面有盛名，当时有一个“躬背师傅”，叫孙灿寿，后背微微隆起，最会烧制卤鸭，他不允许别人品尝老卤，老卤也不允许带出店外，另外就是当天的老卤一定要日产日清，这样一来，老卤的秘密就没人能知道了，另外也保证了质量。

传说终归是传说，现在苏州的卤鸭已不局限于松鹤楼，也不局限于夏天食用，家家都有，各有特色，但母油船鸭就不同，局限于几家老店，而且是冬令佳肴。所谓母油，是指传统的酱油酿造中第一道抽取出来的油，色泽没那么深，特别鲜美，而且咸度不高。这道菜，最重要的不是鸭子，而是母油和火候。

鸭子一般选用太湖麻鸭，这也是本地特产，并不稀奇。重要的是火候，此菜使用“焐”的火候，采用陶质砂锅，密封，不能走掉气味，用小火温火持续烧制，一气呵成，中间不能端。砂锅一般还要搭配猪脚和笋，上桌前，要用另一锅烧麻油和葱段，熬黄后倒进焖制了三个小时的砂锅里，再放几分钟上桌，看似不烫，其实特别烫，但就是这种温度，才适合苏州的寒冬。

一般先喝汤，再吃鸭肉，第一口的鲜美常常让人震撼，怎么这么鲜。与另一道杭州的名菜笋干老鸭汤相比，那道菜鲜美得外放、豪迈，这道确实细腻、绵长，各具特色。

冬天苏州人还有一道必吃的点心，就是黄天源的猪油年糕。苏州的稻米自古闻名，传说太湖边的某块农田自古出产贡米。现在就算是物流发达，各地特产流通便利，苏州人还是喜欢太湖本地稻谷做的猪油年糕，这年糕是要放进猪油丁揉制，并非现场食用，和黄天源别的糕团不一样，那些薄荷糕、青团，还有重阳糕都是熟制品。很多外行不懂，买来猪油年糕就吃，其实是要切块用鸡蛋液裹着油煎食用的，或者切成小块，放在酒酿里面煮熟，是大年初一的头一道点心。

北方大地冰天雪地的时候，苏州城正吃得热闹。太湖沿岸盛产一种香青菜，口感十分香糯，是冬日的好东西。摄影 / 孙晓东

苏州人一向爱吃笋，且吃法很多，从简单的油焖笋、雪菜笋片，到复杂的腌笃鲜等。更精细的，还能将鲜笋做成笋脯、笋豆、熬成笋油。摄影 / 阮传菊

春季的那些意头

过完农历新年，转眼就是春天，北方的春天来得慢，野菜是等春雪融化才慢慢舒展开来，苏州一过早春二月，立马满地的野菜，苏州人讲究吃五头，什么荠菜头、马兰头、枸杞头、香椿头、坟坟头等，这些菜肴现在已经普遍大棚种植，可苏州本地人还是坚持要到郊外踏青，找到那些野意，才算心满意足。

马兰头切得细碎，用麻油拌香干，或者像苏州农家一样大蒜末清炒；荠菜头和肉做成馅，变成春日特殊的春卷馅子，异常鲜美；金花菜，也就是苜蓿嫩叶，配搭在荤菜的下面，一是垫底好看，二是解腻清爽；还有香椿，苏州人用香椿拌豆腐，称为豆腐菜肴里的上品，正宗的苏州菜馆子里面，一定还有香椿炒蛋、油炸香椿，这些吃法倒是和北方类似，不过苏州人讲究，这些菜里绝对不能放味精，调料也是越少越好，吃的是野菜的新鲜和本来的味道。

按月吃鱼的习惯在延续，这时候，轮到了苏州春天最著名的鱼类——塘鳢鱼上市了，其实全国各地都有塘鳢鱼，只要说出它的另一个名字“土步鱼”，大家就恍然了。塘鳢鱼有专门一科，塘鳢科，据说西湖产地最为出名，但其实江南各地此鱼的品种大类类似，随着风土不同而微有差异。

只有苏州人吃塘鳢鱼吃成了精，汪曾祺说过，苏州人说到塘鳢鱼，顿时眉飞色舞。春天菜花黄的时候，方寸之大的塘鳢鱼慢慢浮上水面，黑色的外表剖开来，背部的两条肉却是雪白粉嫩，而且没有刺，吃起来特别过瘾。但最著名的一道菜，与鱼身上的肉无关，也类似传说，上个世纪70年代柬埔寨西哈努克亲王访华，大厨挖空心思，做了这道菜，称之为“豆瓣汤”，原料就是鱼头部两块指甲盖大小的肉，长得像蚕豆瓣，做成汤，吃得西哈努克啧啧称奇。

传说不去管，苏州人对这道菜的做法更加精细。除了拆下的这些荤豆瓣，还要加入切碎的火腿片和春天的笋片，也有人加入少量新鲜的雪菜末，苏州人说，这才能“鲜得眉毛掉下来”。

我没有吃过这道传说中的豆瓣汤，但是吃过另一道名厨做的塘鳢鱼狮子头，用塘鳢鱼背部的肉片和猪油搅拌成馅，然后加笋片做成汤，同样清鲜可口。苏州人认定，他们这里的塘鳢鱼水土不一样，所以格外好吃，我觉得是他们厨艺上的精细程度，造成了这种好吃，变成了吃好，尽力享受大自然的馈赠。

几乎每种塘鳢鱼的苏州做法，都对得起这条鱼：比如将背部的两条肉切下来，一共用上几十条鱼，成就一盘清炒塘鳢片，要知道，塘鳢迄今不能养殖，在苏州绝对是一种昂贵的鱼，几十条鱼一盘菜的价格，自是不菲，可苏州人并不想放弃，就像他们秋天

【碧螺虾仁】

【青团】

【桂花冬酿】

要用同样奢侈的方式吃一盘清炒蟹粉。

这道菜里面用到了苏州本地的糟油，鱼片无刺，软糯，吃起来满口生香。用莼菜和塘鳢鱼做汤，是另外一道餐厅里的佳肴，太湖莼菜的软糯，加上塘鳢的清香，最后淋上鸡油增味，属于一道对口腔感官特别善意的菜。最家常的，用鸡蛋和一两条塘鳢鱼混合，做成塘鳢炖蛋，同样是极有风味感的菜肴。

除了菜花塘鳢，另一道春天的水产，是菜花甲鱼，这道菜只能春天食用，到了夏天，“蚊子甲鱼”（每年农历六月前后的甲鱼品质不佳）就没人吃了——苏州人对食材的季节把握，直接用外界的物候变化，再次可见苏州人农业时代的敏锐。用甲鱼制成的名菜众多，其中最著名的一道，被袁枚写在《随园食单》里面，为苏州唐家的做法，用甲鱼和猪手同煨，汤色乳白，酥软脱骨，味道咸鲜，略有回甜。

春天的另一道时令大菜，当然和春笋有关，就是著名的腌笃鲜。春笋选用当地竹笋，吴地人做这道菜的时候选的笋，一定要“内实无节，肉白”的春笋，肉也是江南人家自己腌制的，一般选择五花肉和猪腿肉，这道菜，说容易也容易，说难也难，简单就是放在一锅一起炖，难就是各种材料的准备，咸肉要切骨牌块，鲜猪肉要选择带脆骨的软肋，切成块后稍微加以煸炒，与咸肉一起入锅后大火烧开撇去浮沫，加入竹笋，等汤呈乳白色再加姜、葱、黄酒，慢慢煮出味道的过程，才是“笃”，这个和广东的老火例汤不一样，那个是一锅慢炖，这个是有层次地笃，最后成就的一锅汤，才是有层次的。也有人最后往里面添加百叶结、莴笋块，但老苏州的做法，基本不加，就靠笋和两种口感的肉形成递进的汤味足矣。

除了吃笋、吃鱼、吃各种野菜，苏州还讲究春天吃“两块肉”，号称是冬天过了，要好好补补。其实苏州人一年四季都在补，只不过给自己好

【腌笃鲜】

【爆鱼】

吃找个借口，这点又很传统、很中国、很苏州了。所谓两块肉，一块是樱桃肉，这是餐厅的做法；另一块，是酱汁肉，这是家常的烹饪。烧肉的方法，都不特别难，只不过樱桃肉讲究形式好看，所以餐馆做得多一些，整块方肉，用刀在表皮上面切花刀，露出一小块一小块的肉块，宛如樱桃般红艳，也是苏州传统的“果子肉”的今日翻版。所谓果子肉，也是体现江南人的有趣，把肉制作成各种果子的形状。制作樱桃肉的时候，因为在大锅中烧制久了，油已经基本走掉，非常软烂，所以入口即化，一般餐厅上菜，下面会垫上金花菜，也就是我们说的草头，草头吸收了肉的汤汁，变得非常好吃。据说乾隆皇帝下江南，吃了樱桃肉后让北京厨师仿做，结果宫廷多了“苏造肉”一道菜。

酱汁肉的块切得小，据苏州餐饮协会会长华永根说，他们小时候，还有沿街串巷提篮子卖酱汁肉的，家里买一块，一般都要求多要酱汁，拿红红的酱汁拌饭，小孩子十分喜欢。酱汁肉和樱桃肉一样的地方，在于都使用了红曲粉、茴香和冰糖，所以最后的成品裹着殷红的酱汁，十分好看。这种好看不仅仅光是为了外表，实际也很养生，红曲米里含有大量的“他汀”成分，可以降血脂，老餐馆在烧制这道菜的时候，还要加大量中药材，养神补气。药食同源，所以苏州人说春天要吃肉补一补，倒也并不是空口虚言，苏帮菜背后的学问，还是源自古老的中国哲学系统。

除了这些大哲学，还有很多小趣味，比如春天有道菜叫“小青和白娘娘”，就是用春天的韭菜和绿豆芽同炒；还有春包，用春卷皮包上剁碎的韭菜、虾皮，在平底锅中煎成金黄，为民间时令佳点。

秋天的蟹宴

大闸蟹上市，百菜无味，这是苏州本地人对螃蟹的期待；“不是阳澄

大闸蟹上市，百菜无味，这是苏州本地人对螃蟹的期待，“不是阳澄湖蟹好，人生何必住苏州”。苏州人善用不同的烹饪手法，做出一桌花样繁多的蟹宴。供图 / 视觉中国湖蟹好，人生何必住苏州”，这是章太炎夫人汤国梨的感叹。

苏州的蟹宴，是过去世家大族的标配，现在已经少见，一般餐馆业流行做清蒸大闸蟹,或者直接清水煮蟹，喜欢的人觉得,白煮的正宗阳澄湖蟹，蟹肉有太湖白鱼的香味，蟹钳的肉像干贝，蟹脚的肉像太湖银鱼，而蟹黄蟹膏则满口绵密。不管怎么说得天花乱坠，过去大户人家不会直接吃清水闸蟹，听苏州的老厨师讲古，20 世纪 80 年代日本大企业老总来苏州吃螃蟹，自己不剥螃蟹，由下面的专门人来剥开，别人觉得是傲慢，老厨师在旁边看到，觉得这才是古法，很正确，赶紧加做了若干直接入口的螃蟹菜，比如雪花蟹斗、蟹粉裙边、韭菜拥剑、翡翠蟹糊，这才是正经的吃螃蟹。犹记老厨师的口吻：自己剥螃蟹吃，那是不讲究的人，过去的苏州蟹宴，要求的是桌面上看不到骨头，更遑论自己动手。

我曾有幸参加了一次得月楼的蟹宴，是因为黄永松先生的汉声文化出版的四卷本《大闸蟹》完工，得月楼为之配备了一桌仿古蟹宴。光是冷菜，已经让人目不暇接，醉蟹、蟹酱、糟蟹、冰糖蟹，一盘一盘，简直前菜就已经半饱，不用说后面的各种精致螃蟹菜。印象最深的就是雪花蟹斗，此菜传说是元代画家倪云林所创，用蟹肉和蜜鸡蛋蒸出。现代版的雪花蟹斗，经过苏州厨师的改造,用蟹壳做容器，里面装上清炒蟹粉，上面铺着雪花状的蛋白，撒些火腿细末，不仅好看，而且可口。这倒又是苏州菜的另一特征，很多菜和文人传说有关。

这桌蟹宴，选的都是阳澄湖蟹，一桌下来，真像《红楼梦》里刘姥姥说的，这一桌够得上普通人家一个月的花销了。

苏州本地人吃蟹，阳澄湖蟹排在前面，接下来是太湖、远处的苏北蟹，按照刻薄人的说法，是苏北大姑娘，有股子土气。其实蟹的质量和喂养方式有关，苏南富庶，喂养螃蟹都是用螺蛳等动物，而苏北使用玉米喂养，蟹黄蟹膏的鲜美程度确实有所下降。不过据学者考证，阳澄湖蟹的暴得大名，时间也不太久，至少在清嘉庆之后，之前太湖蟹更好，之后阳澄湖蟹慢慢起来,和蟹种的改良有很大关系，不过这是另一个故事。

苏州人，基本不会提前吃螃蟹，蟹季起于寒露，止于立冬，农历九月吃母蟹，十月吃公蟹，之后螃蟹回到海里过冬繁殖，基本就不吃了，除了特别刁钻古怪的人，会把螃蟹养到瓮里，放稻谷和水，包括稻草，争取吃到晚些时候。

蟹宴是苏州秋天的主角，但是有几道配角也是极好。前些日子专门去了苏州木渎的石家饭店，就是专门吃苏州秋天的名菜，鲃肺汤。不过现在这道菜一年四季都可供应，不像当年季节性的味道鲜美。

鲃肺汤也是一道典型的苏州文人菜，《随园食单》就记载过，管鲃鱼叫斑鱼，号称用斑鱼的肝脏和肉，加鸡汤煨制；鲃鱼也是太湖名产，和河豚鱼类似，鱼肝特别肥美，鲃肺汤正是用此鱼的肝脏和鱼肉一起，经过鸡汤、笋片、火腿的煨制，变成特别醇厚的一道汤。这道菜的得名，和国民党元老于右任有很大关系，当年于右任来太湖游玩，回家途中在小小的石家饭店吃到这个菜，兴致勃勃写下诗句：归舟木渎尤堪记，多谢石家鲃肺汤。小餐馆和这道菜都因此而得名，有人说于右任是陕西人，听不清楚苏州人的口音，所以把肝脏当成了肺，也有人说是当时人们对此鱼知之甚少，所以谣传肝脏就是肺部，已经无法确认哪个说法准确。

现在的石家饭店特别庞大，鲃鱼因为可以养殖，不再是桂花开时最为肥美，所以一年四季都可以供应。服务员在汤端上来的时候，会要求顾客快点喝，因为汤热的时候腥味可以忽略，鸡汤上面漂浮着淡黄色的肝脏，又回到苏州人吃的精细话题，小小鲃鱼的内脏都被发扬光大。

秋天还是吃水生植物的好季节，吴地自古出产水八仙，当地人管这些水生植物叫小菜，湖泊馈赠的小菜——初秋时节，菱角成熟，很多人直接用大红漆木盘子装菱角，十分鲜甜；荸荠也是这时候批量上市，直接吃也可，切成块炒肉也是味道隽永；芡实，也就是近年声名鹊起的鸡头米，和桂花煮成甜汤也可，和山药做成菜肴也可以。鸡头米好吃，可是十分难剥，于是到了秋天，在苏州的菜市场上，常常可以看到戴着铜指甲的苏州本地妇女在那里剥开芡实的壳，也是一种苏州特有的生计。与此类似的，还有专门剥螃蟹肉、剥虾仁的行当，也是妇女居多，在苏州的餐馆后门忙碌。这些生计苦虽苦，倒是也能从一个侧面证明苏州人真是食不厌精。

除了这些水中菜肴，水八仙还有水芹菜、慈姑、茭白、藕、莼菜，都是各有各的清香，也都是苏州人的盘中佳肴。

拿茭白做例子，苏州人吃食材的精细程度又可以窥见一斑。秋天的茭白品质最好，不过特别容易老，拿回家，要放在水里，否则会更老，先取下最嫩的头部，切成滚刀块，热水里汆一汆，加点酱油、白糖拌着吃；再取四分之一，切成片，和虾仁同炒；再老一点切成丝，和鳝鱼同炒；最老的根部切成末，与鸡蛋同炒，一根茭白，四种切法，一点点都不糟蹋。

夏季的暑热中，照旧吃得好

最热的夏天，我在苏州名士叶放的家里，吃过他家的宴席，一场下来，暑热顿消。印象最深的是一道清风三虾。

近年苏州面的名声在外，很多人喜欢去吃三虾面，所谓三虾，是指夏

苏式汤面，突出浇头的丰富。夏季的一碗三虾面看似无奇，实则颇费工夫，将最肥美的小河虾，拆成虾脑（黄）、虾子、虾仁三种炒熟后，用来做面浇头，苏州人吃得精细可见一斑。摄影 / 殷启民天最肥美的小河虾，经过专门拆虾蟹的妇女们的努力后，变成虾头里的虾脑（黄）、虾腹部的虾子、剥出来的虾仁三种，三者炒熟后，拌面吃——我记得有次去苏州，想去一家近年声名鹊起的面馆吃三虾面，结果叶放制止，说你想吃三虾面，不如直接来我家吃清风三虾，你要吃完了还想吃面，我叫厨师再帮你拌面。

我才第一次目睹了炒三虾的过程，把虾放进容器里，浸入清水，先挤下腹，让虾子慢慢出来，然后把它漂出来，接着是虾仁挤出，再是摘下的虾头放在沸水里煮熟，去掉壳，只留下黄色的脑子。先用葱、姜、黄酒炒熟虾子，然后用熟油炒虾仁，变白后捞出来，最后是虾仁、虾脑、虾子一起炒熟，只加少量黄酒，满满一盘，鲜亮透明，应该叫清炒三虾，大约为好听，演变成了清风炒三虾，吃上两口，只觉得奢侈——外地人不懂这么吃的乐趣，好好的一只虾，你整只吃了也是吃了，可是苏州人就是喜欢这道菜的质感，虾子就是要弄出来，虾脑就是要剥出来，虾仁更不用说，吃的就是口感。

这样的一盘菜，用之拌面，实际上就和秃黄油拌饭一样，空口吃，奢侈。奢侈太过了，所以找些主食来参与，这样感觉，才对得起这盘菜。

苏州厨子是烹饪虾的高手，不仅有夏天的清风炒三虾，还有春天的碧螺春炒虾仁、呛虾，秋天的白果炒虾仁，冬天的清炒虾仁，四季有别，井井有条。外地哪有这么多花样？

虾子还有另外的妙用，苏州人把清水里捞出的虾子混合在酱油里，成为著名的虾子酱油，这种酱油用来蘸荤菜，是绝味。比如用清水煮成的猪蹄，只用葱、姜、黄酒，不加任何别的作料，蘸虾子酱油，满口的鲜甜；蘸白切鸡，也是增加味道。

除了虾，夏季还有各种鳝鱼菜肴，因为苏州流传着“小暑黄鳝赛人参”，响油鳝糊、清炒鳝片，全是当地名菜，天气正热，所以大荤可能少，但这种小荤、小炒，却层出不穷，比如典型的雪菜毛豆，苏州的酱正好上市，用来炒豆腐干、黄豆等，这些都是下粥的好菜。

夏天汗水多，苏州人还做出了各种清爽的汤，比如咸肉冬瓜、丝瓜番茄、雪菜豆瓣、排骨冬瓜，补充盐分，既不像广东的汤那般耗时，也不像北方的汤那么快速，恰好夹在中间，不疾不徐，是一种家常过日子的态度。

家常绝不是粗糙，上述这些菜肴，在苏州，都有不一样的烹饪手法，比如响油鳝糊，外地厨师可能就用生粉，可是苏州厨师会用山药粉，这样做出来卤汁不会腻。好的厨师就像医生，以一颗敏感的心对待万物——苏州菜就是靠这种敏感细腻一代代传了下来，并没有胸怀天下的雄心，而是一心在螺蛳壳里做道场——一个完美、精巧，无限向内求的小世界。

织就的江南

文 李耕
摄 陈健 等

古时苏州吴县盛产生丝。
历史机缘之下，
宋代，自西域而来的缂丝技艺在江南迎来了黄金时代，
苏州更成为当时缂丝、刺绣品的生产重心地带。
缂丝是经济繁荣、文人文化与民间技艺高度融合的产物，
缂丝艺人一拨一梭，
编织着古典的江南。
这一古老的手工艺世代沿袭，
留下不少传世之作，
现今的苏州仍是中国乃至全世界最重要的缂丝生产地之一。

明代文人高濂曾在《遵生八笺》中以“设色开染，较画更佳。以其绒色光彩夺目，丰神生意，望之宛然，三趣悉备。女红之巧，十指春风，迥不可及”来形容精妙绝伦的丝织物。

如若拨开那些细腻的丝线，探寻它们背后的巧妙，会发现缂丝工艺是传统丝织工艺中的独一份。它可以胜任精巧繁复的，甚至是无规则的图案花型，它不仅独特在“通经断纬”之下的精妙技艺上，亦独特在传统艺人代代精进，最后在江南，将缂丝从单纯的“工”发展成为“艺”。以宋代朱克柔、沈子蕃为代表的江南缂丝名家将缂丝技艺与书画意境融合，创造了令人惊叹的传世名作。织匠的巧手、巧思之下，方寸大小的平面之中营造出古人追求自然美景、生活情趣的意境。

古时苏州盛产生丝，历史机缘之下成为当时缂丝、刺绣品的主要生产地之一，在世代苏州缂丝艺人的坚持下，这一古老的手工艺世代沿袭，持守着江南文化的光彩，现今的苏州仍是中国乃至全世界最重要的缂丝生产地之一。

宋代缂丝作品《文石锦鸡》。
供图 / 台北故宫博物院

被磨得光亮的平纹木机看似平平无奇，却能够创造出技法复杂的缂丝作品，织匠往往以梭代笔，在哔哔剥剥声中，一双巧手织出各种繁复的图案与花纹。

自西方来，于江南盛

缂丝最早并非本土产物，通经断纬的缂织技法从西方传入，并首先为中国西北部的少数民族所采用，当地少数民族织匠的梭下，依稀能看出受到西方缂毛影响的痕迹。

在中国西北地区被本土化后，随着丝绸之路的通联，“通经断纬”的技术流传至中原地区，约在初唐至盛唐时期，即公元 7 世纪，该工艺又被引入到丝绸生产中，缂织技艺被应用在丝织物上。当时缂织技法主要受织成锦影响，织成有“织而成之”之意，它与刺绣品的“锦上添花”——即在一块既有的锦缎或绸布上，用针线表达出图案花纹有着明显的区别。当时的缂织品一般以平缂为主，花纹边界有十分明显的缝隙，如“刻”进丝线般生动。上个世纪 70 年代，新疆吐鲁番出土的唐代舞俑腰系一条缂织带，约两厘米宽的缂织带上，几何纹饰通过断纬显花，花纹边界雕镂之态明显。

宋代经济发达，文化繁荣，当时绘画性装饰盛行，缂丝技艺的传入恰逢其会，随着缂织技艺的不断提高，艺人们不仅用缂丝来装裱书画，更以书画为底稿，尝试通过缂丝来表现书画中的笔锋与画韵，琢磨出不少精湛的技巧，缂丝的表现力自此愈发生动、丰富，可以胜任精巧繁复的，甚至是无规则的图案花型，它一在汉地生根，就“很快显示出向纯欣赏品发展的苏州盛产生丝，鼎盛时期曾经生产近六千种颜色的丝线，为缂丝的精进与创造提供了充分的条件。

趋向”。

宋代缂丝的织造原理虽然与唐代相同，但花样更趋繁复，门幅也由最初的几厘米窄细而渐宽。吴淑生在《中国染织史》一书中提到，宋代缂丝以河北定州所产最佳，且以宋徽宗赵佶在位的宣和年间制作最盛。这种日用类缂丝传入北方地区之后，也进入了宫廷内院。北宋时期官府设立少府监，下辖的文思院四十二作坊之一的“克丝作”，就是专门缂织书画装裱用的。从北宋到南宋，缂丝的制作技术愈发精良。

南宋，缂丝由北方生产地定州传到苏州等江南之地时，正值全国的政治、经济和文化中心向南移去，平江府（苏州）人口密集、经济繁荣、文化底蕴深厚，不仅缂丝，许多其他如玉雕、苏绣等手工艺也在这时出现高峰，消费文化盛行一时，为缂丝的精进与突破创造了绝佳的契机。苏州吴县境内盛产生丝，其丝线韧性好、强度高，是制作缂丝的上好材料。

依据古籍记载，当时的苏州是“家杼轴而户纂组”，明代全国的地方织染局以南直隶苏州府、松江府等共 23 处，当时官营织造的机构基本都集中在江南地区。以绘画为蓝本的观赏性缂丝很快流行起来，专门从事缂丝的艺人越来越多，江南地区涌现出许多缂丝名家，如朱克柔、沈子蕃等，他们的作品流传至今，对后世有深远影响。此时，缂丝从实用和较单纯的装饰领域脱窠而出，由图案化向绘画化发展，缂丝作品中出现了越来越多的独立的艺术品，也逐渐演化为江南文化物化的表现形式之一。

一幅幅写意山水、花鸟缂织画作从织匠们的一拨一梭中诞生。他们用拨子灵巧地处理结构松紧以表现繁复图案与细腻花色，将画稿摹缂得惟妙惟肖，细节之处颇打动人心。用高超的技术精心织造，以虚实手法真实表现花朵娇艳，远山疏朗，织匠们运丝如笔，更开始在作品上留名，缂下自己的印章。他们的缂丝作品已经慢慢向艺术品转变，其织造要求不单以精细准确为标准，更追求神韵，加入了自己的创作与理解。

乾隆皇帝提笔写下御诗，“宋时创作真称巧，苏匠仿为了弗殊”，盛赞苏州织匠的缂丝技艺。元、明、清时期实用性缂丝与观赏性缂丝齐头并进，实用性缂丝主要为宫廷和贵族享用；观赏性缂丝题材更加广泛，产量逐渐增多，并形成了以苏州为代表的缂丝产销中心，延续至今。苏州虽不是缂丝的发源地，但缂丝却是在这里成熟精进，并且进一步发展的。

方寸之间，构筑精与意

缂丝精细，一旦运梭，不容有差，对织造者的技巧、艺术水准要求十分之高。宋代涌现出的缂丝名家都具有一定的绘画功底，当时的缂丝艺人想要成为名匠，首先要掌握绘画技巧。观赏性缂丝的织造难度大，画稿内容丰富，配色复杂，把原作的线条、晕染以特有的风格织造出来，需要织造者具备高超的技艺，或许，还有些许想要创造的野心。

这野心在平平无奇的织机前，在微小有限的平面内，织匠们靠一把梭子，营造出天地意趣。辽宁省博物馆收藏的朱克柔《山茶蛱蝶图》（整幅尺寸 25.6 厘米 ×25.3 厘米）中，位于正中心的山茶花，一朵蓓蕾含苞欲放，一只粉蝶打远处飞来，花气袭人。

站在古人精妙的缂丝作品前，一时思绪万千，不禁回到那个心营意造的场景之中：艺人坐在小型缂织机前紧着眉头，一旁已仔细备好各色丝线，一朵花虽体态小，但要细分出复瓣、单瓣，每瓣花还有正瓣反瓣之别，更别提还有折瓣、叠瓣、翻瓣之处。花形姿态万千，盛开时花色淡，正瓣较深，翻瓣色较淡，才能使花朵生动有姿，中间缀上淡花蕊，更显得芬芳含香，蜂蝶欲迷。

开始时首先认清花瓣的正反，掌握住缂织的中心，如此方不容易出错。犹如舟楫的梭子在生丝经线中游走，作者独具匠心，花萼改用长短戗，其余用平缂与勾结掼搭梭等技巧缂织成，叶不勾轮廓线，枝干等以合花线织成，虫蚀叶部分自然传神。缂丝的织造过程极为细致，1 厘米内多达几十根经线，以万缕千丝成其工巧，怪不得历代人们把它与黄金价值相等同。

绘画中笔墨一挥即可表现出的色

缂织艺人日复一日地坐在织机前，木机上，细韧绵长的线条千变万化，经纬之间织造出的小世界，让人久久沉浸其间。

彩层次与晕染，在缂织过程中，则需要拆解为无数像素式的小块，变一色，换一梭，一个色块一个色块地局部织就，而缂织线条等细节时，更显艺人的纯熟经验与技艺，多挑一丝都可能破坏画面美感。一件缂丝成品的制作需要相当长的时间，即便是一位熟练的艺人，一般一天能织出的也十分有限，遇到图案复杂、花色细腻的画稿，则更耗时费工。

宋代是缂丝的黄金年代，这个时期出现了两位名垂青史的缂丝名匠，除了朱克柔，另一位就是沈子蕃，他出生在苏州，是一位为宫廷服务的缂丝艺人。在《青碧山水图轴》这幅作品中，他抓住山水画的精髓，景深层次分明如画，局部制作中更别具匠心，近山坡运用虚实的线条配上浓重的戗色，表现远山则用极简虚线条和单色混淆相织，远近相宜。即使是同一技法，他在各个部位表现也有不同变化。

历代有成就的艺人，对技艺无不精于揣摩。捕其善，嬗变其技，提炼为己独有之绝技，既融于现时艺术之体，又不失古之风貌。此幅缂丝作品，微妙中体现了中国传统山水画的意趣

江南缂丝为什么能摹缂文人画？

古代缂丝工艺的出现至迟不晚于 7 世纪，这项技艺最早源于回鹘，但缂丝真正在艺术领域登堂入室，展现光彩乃开始于北宋末年，受当时宫廷院体画的影响，缂丝开始以摹缂名人书画为能事，缂丝名家通过精湛技法，表现出山水花鸟画中诸如晕染、阴影等难度极高的细节。时值中国政治经济文化重心南移，文人、艺术家大批迁往江南，加上苏州等地盛产的生丝韧性好、强度高，适合缂织，因而缂丝工坊多在江南。并出现了诸如沈子蕃、朱克柔这样以摹缂名人画见长的织匠，工艺技法令人惊叹，留下了传世名作。

缂丝技法

- 平缂
- 掼缂
- 勾缂
- 结
- 搭梭
- 戗色
- 合花线
- 子母经
- 缂绣绘

◎ 唐 | 中西交融　技法初成

背景　唐代缂丝是在东西方文化交流的背景下不断发展和完善的。

纹样色彩　简单的几何形花纹为主，色彩主要是平涂的块面，还没有使用晕色匹配。上机的经线粗、张力强，成品面料显现“瓦楞地”沟纹。

代表技法　受织成锦和纬锦的影响，一般以平缂为主。

作品　当时的制作多为丝带等实用品。

◎ 北宋 | 文倚装成　书卷气浓

背景　前承唐代，在唐的基础上稍有发展。

纹样色彩　花纹更为精细富丽，纹样结构既对称又富于变化。

生产地　河北定州（注：这一说法出自吴淑生《中国染织史》）。

代表技法　勾缂，在纹样边缘以区别于主体纹样色彩的另一种色线缂出明显的边界或轮廓线，具有分别色彩层次和划分纹样间界线的作用。

作品　北宋的缂丝多用作书画包首或经卷封面。晚期开始，受皇帝的趣味和宫廷院体画的影响，缂丝从实用和单纯的装饰转向艺术品的制作。

★ 合花线

指两根不同颜色的纱合股而成一根线，比如黄和绿两根纱合股作为一根黄绿花线，放入一个梭子中。由于合股的时候加了捻度，使得两根纱绞转一体。合花线的作用是色线融合导致色彩融合。

★ 长短戗

即在花纹由深至浅的晕色中利用缂丝线条伸展的长短变化使深色纬与浅色纬相互交叉，从而得到自然晕色的效果。它的特点是任性自由，技法精纯者缂织出的作品栩栩如生。

◎ 南宋 | 细腻柔美　自成一派

背景　江南的缂丝生产已有一定规模。缂丝作品大都摹缂名家书画，能工巧匠自成一派，且为皇家所推崇。

地域　江南地区，后基本集中于苏州陆慕、蠡口、光福一带。

纹样色彩　纬丝色彩不断增加，纬丝的松紧处理灵活，色泽和谐，工丽巧绝。

代表技法　长短戗、合花线。江南名匠朱克柔创造了“朱缂法”（注：《中国文物大辞典》，中央编译出版社，第 1356 页）。此法善用深浅多色纬线，长短参差互用，以产生晕色的效果。

作品　大多摹缂名家书画。

◎ 明清 | 御用缂丝　写实与装饰兼备

背景　明宫廷“御用监”下设“缂丝作”以管理缂丝的生产。缂丝技艺的装饰意味显得尤为浓厚。苏州缂丝的大发展在明清两朝，缂丝巧匠们多摹缂当时名家沈周、唐寅、文徵明等人的画稿，佳作终为宫廷所收藏。

地域　以苏州为中心的江南地区。

纹样色彩　精心缂织，颜色鲜妍丰富，轻重适宜，深得吴画风韵。

代表技法　凤尾戗，双子母经缂法。此时期，苏州缂丝还大量运用了一种新技法，即缂绣混色法（注：《中国文物大辞典》，第 714 页），将缂丝、刺绣和彩绘结合，进一步加强织物的装饰效果。

作品　缂丝书画、龙袍等宫廷服饰。

和“文人画”的审美倾向。这一时期的缂丝名家基本上都是宫廷匠师，在熟练掌握了绘画技巧，拥有了一定审美之后进行缂丝创作，才能够创造出如此不落俗之作。

苏州缂丝的大发展是在明清两朝。明代苏州丝织业中出现了资本主义萌芽，丝织业发展更加迅涌，成化年间的文人王锜在其《寓圃杂记》中曾言：“凡上供锦绮、文具、花果、珍馐奇异之物，岁有所增……人性益巧而物产益多。”其时苏州人文荟萃，吴门画派沈周、唐寅以及文徵明等人的佳作层出不穷，这对当时及后来的文人画发展产生了重大影响。此时苏州的缂丝工艺发展兴盛，缂丝艺人们喜欢选择当地著名的“吴门画派”书画作品作为缂织稿本，以提高其商业价值。缂丝巧匠们以这些传世名画为基础进行创作，运用他们精湛的技艺，精心缂织，使之颜色鲜妍丰富，浓淡适宜，远观是画，近看精巧，意趣十足。

过去，人们在这片土地上植桑、养蚕和缫丝，之后又创造了平纹组织、斜纹组织和起绒组织以及后来的缎纹组织等丝绸织造技术，并运用这些织物组织原理，织造出中国工艺史上千变万化、品类繁多的丝织物。而这其中，缂丝工艺独树一帜，与一般的“通经通纬”的丝织物全然不同，这项源自西方的古老手工艺在历经政治、经济的变革后，逐渐提炼成为贯穿古今最中国化的艺术表现手段之一，并在苏州落地生根，踵事增华。

一拨一梭，持守传统

缂丝高雅与细腻兼备。苏州的缂丝凝结了诸多传统艺术元素，更与苏绣、宋锦等互为营养，展示着内蕴深厚且多元的吴地文化。明清时期，苏州缂丝世代相传，缂丝是当地农民的副业，在农忙时种田，农闲时做缂丝，技术上基本是父子相传祖孙沿袭。

苏州志书记载，齐门外陆慕、蠡口、黄桥一带曾有不少缂丝村，村中家家有缂机、户户闻机织声，缂丝匠师有的专职缂丝，有的且耕且织，有的供职内府专门缂织御用缂丝品，有的承接苏州织造府订单，产品为达官贵人所享。

上个世纪八九十年代，因日本对于缂丝腰带的大量需求，使当时的苏州成为了全亚洲主要的缂丝实用品出口地。苏州缂丝研究所的老艺人马慧娟笑着说：“80 年代我们缂丝厂最让人家羡慕了。”上个世纪 80 年代她应日本亚东株式会社的邀请远赴日本，在京都等多个地方为日本人演示缂丝，身着和服的妇人忍不住抓起马慧娟的手感叹，怎样一双巧手才能织就如此细腻的花纹。

当时苏州乡村许多十七八岁的女孩，利用农闲之时学习缂丝技艺。后因订单需求量大，制作缂丝腰带的收入丰厚，很多村子里的妇人成为了专职

今日的缂丝团扇，不仅参考古代宫廷宫扇，保留传统图案题材，同时也添加了设计的部分，更易于被现代人所接受。摄影 / 易都

的缂丝工人。缂丝行业又迎来黄金岁月。当时苏州的缂丝织工多达一万余人，缂机上万台，这一规模超过了历史上任何朝代，缂丝技艺得到空前发展。

苏州也因大规模的缂丝出口，带动了不少村子的发展。并由此机缘培养了一大批缂丝艺人。也是因为这批人的出现使苏州成为了当时中国缂丝的主要生产地。2006 年，缂丝入选第一批国家级非物质文化遗产名录。2009 年，缂丝作为中国桑蚕丝织技艺入选世界非物质文化遗产。

午后的机房中，只有梭子游走在丝线上“哔哔剥剥”的声音，如马慧娟这样的老艺人，几十年如一日地坐在缂织机前，织造一幅作品，往往需要换数以万计的梭子，其耗时之长，功夫之深，可想而知。世代苏州缂丝人，他们默默守在缂织机前，也守持住了传统江南的低调与华美。马慧娟想得很简单，“我就喜欢静静地做一点东西”，她的儿子站在一旁，不时为母亲搭把手。缂丝的经纬间，弥漫着的，是织匠手心的余温，日日年年的情意与坚韧。

苏作光影：家具的雅逸与精道

文 孔雪
摄 陈健等
绘 林天意

明人宋应星在《天工开物》中曾赞“工巧则推苏郡”，
苏作家具生在园林中，
生在文人巧思之下，
它独特的工艺与美，
倚赖于江南文人的参与，
也源于民间匠师的反复推敲与琢磨。
以苏作为代表的明式家具一路走来，
承继宋元，
至明代中后期走向成熟，
是中国古典家具的顶峰，
也让苏州在中国历史上绽放光彩。

古城中，网师园内，花白头发的观光客傍着窗前一张束腰月牙桌，被午后的光影映衬得如画卷一般。这里是苏州，园林昆曲，小桥流水，太湖里的“水八仙”沐浴着季节的风露；环太湖边，林林总总，吴匠亦多。明人宋应星在《天工开物》中直言“工巧则推苏郡”。苏作家具，生在这样一幅风情画中。

如何描述和理解一件苏作家具？翻当代学者梳理苏作的图册，不难找到这般描述：“形似江南湖泊中的水红菱”“桥梁挡平缓如起伏的水波”，现代人总在试图贴近几百年前的苏作古韵。反倒是《醒世恒言》中一则涉及苏州木匠的短篇小说，言辞爽快：“王员外逐件仔细一观，连声喝彩道：‘果然做得精巧！’”文人雅逸，在南京博物院收藏的一件明万历年间苏作书桌腿部，刻有“材美而坚，工朴而妍，假尔为冯（凭），逸我百年”。匠人朴实，芝麻梗、螳螂肚、狗尾巴、菱角脚等鲜活行话传承了苏作的活力。

线条的艺术、力道的平衡与分拆咬合的哲学，从中国古典家具史巅峰行至今日，苏作家具是一个老行当，

明式圈椅之雅，在于方圆之间拿捏得恰到好处，它不仅造型简约，线条流畅，更承载了天圆地方的哲思，与园林的气韵相得益彰。

也是一个现代行业。苏作光影，绵延在这座古城之中。

材美而坚，工朴而妍，逸我百年

至今，苏州园林中还保存有红木玫瑰椅、紫檀木方凳等明式家具，这是经典的明式家具，指明至清前期，以苏州为中心，江南能工巧匠用紫檀木、酸枝木、花梨木等进口稀有红木制作的硬木家具，亦称“苏作”家具。而广义的苏作明式（红木）家具还包括近现代制品。以苏作为代表的明式家具，承继宋元，至明代中后期走向成熟，是中国古典家具的顶峰，也让苏州在中国历史上绽放高光。

古时太湖一带多合抱榉树，榉木是当地生产的上等家具材料，一方水土曾孕育巧匠木工频出的“香山帮”。明中叶后，苏作匠人才更多选用花梨、紫檀等进口木材，为上流社会制作宫廷、官宦和文人所用的红木家具。由卯榫技艺造成的家具的整体性和平衡性，流畅而少雕饰的线条，形成了苏作家具独特的审美风格。这种工艺特色的形成倚赖于江南文人的参与。明初江南的城镇经济发达，加之江南历来文人汇聚，江浙不仅出现了传统经济向近代经济的转型，也包孕着自由开放的人文主义思想。当时海禁开放，大量输入硬木，工匠有条件制造出精美坚实并超越前代的家具。

文人士大夫主导了江浙众多文化领域，他们营造园林居室、定制陈设器具，“凳亦用狭边镶者为雅”“飞角处不可太尖，须平圆”，用材、工艺、形制、尺度，皆有周详审美标准；他们遍寻能意会自己设计意图和审美情趣的匠人，使苏作家具成为中国古典文化物化的表现形式之一。

“文人是不安分的。”苏作设计师许建平说，“他们要和别人不一样。”所以苏作家具在形制工艺上有规矩，气韵细节却各具个性，两者交融出别样境界。许建平也懂得园林与苏作之间的紧密关联与通融的想象力，在传统师承外，苏州园林也是他的“师傅”。1998 年，网师园邀请他复制一件重雕花的红木轿子。望着仅有三五块残件出神，他忽而想起虎丘剑池一座宋代亭子的顶，脑中浮现出轿顶构造，复原工作于此畅通。

文人赋予苏作心性，工匠则亲手成就了苏作接地气的安稳。他们是实打实和木头打交道的人。木材有年轮，像人有呼吸，工匠懂得顺应木性。从砍下来到裁料，至少要放几十年；制作过程中，也常要停下来，等它在温湿度中脾气变顺。许建平曾参与设计中南海紫光阁的迎宾地屏，在苏州做好零部件运到北京后，考虑南北气候差异易造成木材变形，足等了一年才安装。珍贵木材需海运，工匠遇见纹理、油性、香味、稳定性俱佳的木料，惜木如金，这促进了苏作工艺的不断精进，尤以榫卯结构为代表。

曾听老师傅说，一把苏作椅子从高楼上扔下来，木料会断，榫卯却不会断。苏作匠人在学三五年基本功后，以会做榫头出师，此后，便和榫卯打一辈子交道。这种连接结构早在距今六七千年的河姆渡遗址就曾出现，是明式家具的灵魂。榫头搭配复杂，归纳下来有一百多种样式，皆有一致可靠的牢固度。苏作穷尽心思琢磨榫卯，源于惜材，所有力点都算准，多一点都觉浪费；也多亏苏州人的精道细腻，所以苏作终究是苏作，有别处工匠不及的秉性。

从看不见的榫卯，到可见可触的一件苏作家具，还需经过裁料、干燥、雕刻、组装等流程。在苏州，细化分工与明朗工序，自明代就已逐渐完善。这之后，则是木头和人打交道。苏作家具养人，保养也注重人气，如圈椅打破搭脑和扶手的界限，将人的背部和手臂自然托举，身与物贴合，心神安定。另一重人气则是在琴桌、书橱、香几这些小小闲事长物中，文人倾注了理想生活之寄托。明人周公瑕就曾在一把紫檀木扶手椅上刻下“无事此静坐，一日似两日。若活七十年，便是百四十”的诗句。

这一切，构成了连苏作师傅也难以用语言精准表达的苏作气韵。时与工，磨锉出一道门槛，宋卫东始终记得做木工十几年后，有人对他说：“你现在就差一步，等哪天跨入那个‘门’，你就不一样了。”

这一切，也注定了苏作和中国明清古典家具的另两个流派京作、广作的不同。苏作形成最早，广作稍晚，京作最晚；广作与京作分别受西式家具、满族与宫廷文化的影响，前者雕饰繁复、中西合璧，后者皇家气派、雄浑华丽，只有苏式保持了明式家具的原初气质。时至晚清，中国传统家具随时势败落，也只有苏作自始至终以独立完整的体系，恒持住明清家具黄金时期的最高水平。

文人的风雅，匠师的精道

万历年间，长洲人（今苏州）文震亨在《长物志》中列开长长的“清单”，天然几、书桌、壁桌、方桌、台几、佛橱等统共十几种，通过家具，文人将抽象的“雅人深致”具象细腻地表达出来。当时的学士名流热衷参与家具设计，指挥工匠造出了前所未有的式样，更著书讨论家具物什。晚明至清初，堪称苏作家具的黄金时代。万历时戈汕著的《蝶几谱》中，特制的十三具三角形几，如大型七巧板般错综变化，能摆出一百多个样式来——文人已经把家具的使用发展为一种家具游戏了。

一个体系的基本构成要素越少反而越复杂，变化越丰富，这是明式苏作家具带给人的分明气质。常人很难想象，一只简洁无他的条形案几，大多摆在厅堂正中一间的北墙，上置瓶

苏作家具的“工”，在于里头那些看不见的榫卯结构；每一根木头的曲线，每一次榫卯的衔接，苏作师傅都要费尽思量。

在苏州，苏作家具的细化分工与明朗工序，在明代已逐渐完善；雕花的门槛不低，许多师傅都有绘画的功底。

一张案几了解苏作、广作、京作的区别

中国几种传统家具派别中，苏作形成最早，江南文人赋予其心性，将稳妥与美感融为一体，广作与京作分别受西式家具、满族与宫廷文化的影响，前者雕饰繁复、中西合璧，后者皇家气派、雄浑华丽，只有苏式保持了明式家具的原初气质。时至晚清，中国传统家具随时势败落，也只有苏作自始至终以独立完整的体系，保持住明清家具黄金时期的最高水平。

苏作

◎ **用料**

苏作家具表现为用材精打细算，精心琢磨，惜料如金。

◎ **造型**

造型雅致、线条流畅，用料和结构合理，比例尺寸合度，格调朴素大方。注重榫卯，承重合理结实，当地人比喻：家具可以摔烂，但榫卯不会坏。

◎ **装饰**

传统纹饰较多，雕刻较抽象，意趣十足。清代苏作家具的装饰题材多取自历代名人画稿，以松、竹、梅、山石、花鸟等为主。

◎ **使用场景**

园林厅堂之内，文人案头。

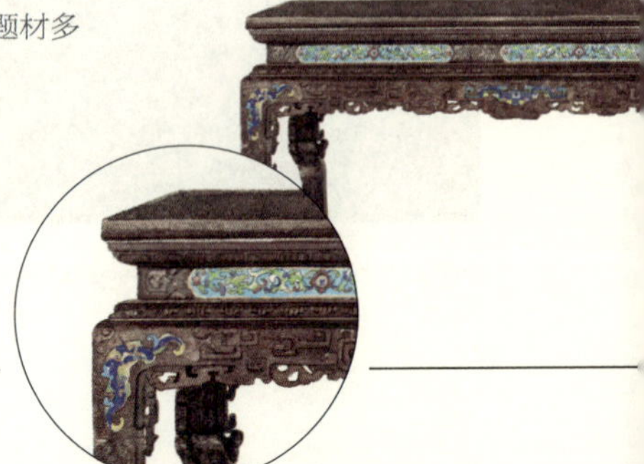

广作

◎ **用料**

用料粗大充裕，以紫檀为主，讲求木性一致，不加漆饰。家具的各部构件，多用一块大料镘挖出各种曲边。

◎ **造型**

在中国传统家具的基础上结合西方欧洲文艺复兴以后的各种家具形式和工艺技法，创造了花样多变的华丽的家具式样，追求一种绚丽、繁缛、豪华之气。

◎ **装饰**

装饰花纹雕刻深浚、刀法圆熟，磨工精细。雕刻风格一定程度上受西方建筑雕刻的影响，花纹隆起较高，个别部位近乎圆雕。

◎ **使用场景**

雍容华贵的皇家、官宦宅院之中。

京作

◎ **用料**

以色泽浓重的紫檀木为首选，以制作大型硬木家具为主。

◎ **造型**

在造型上追求雄浑稳重，与清宫的建筑及工艺陈设品的风格都保持了一致性。宫廷气息足，风格大体介于苏式与广式之间。

◎ **装饰**

常用浅浮雕、深浮雕和透雕等雕刻装饰手法处理，装饰纹与苏式、广式不同，喜欢用夔龙、夔凤、蟠纹、螭纹及博古纹等，追求古雅的艺术风格。

◎ **使用场景**

皇宫大殿和内宫之中，统治者使用。

花、小座屏风、英石等陈设，在这样的条几上，镂雕其他任何一种开光或纹样都不及简单的椭圆透光来得妥帖明朗，繁简适中。近宜摩挲木头的细密纹理，远可观赏其稳妥与美感，偶得懂行之人的几句感叹，心下了然，如临其境："难忘一个纹饰全无的暗色条几，只有线条，心肝尖儿颤巍巍的纯粹之美啊。"

书房不仅是燕居之室，亦是文人情趣的大本营，当时在苏州，制作木器家具皆不惮工费，务求美丽，文人名士参与家具设计产生了深远的影响，风雅成了家具界的一时风尚。沈春泽在《长物志》序中简短的"几榻有度，器具有式，位置有定，贵其精而便、简而裁、巧而自然也"一句，更将明式苏作家具陈设的旨趣阐发得十分清楚。

当然，"简洁明朗"并不等于偷工减料，苏作家具做得细腻精道，也仰赖于民间匠师的"不惮工费"。如今在苏州，某些老人还记得祖辈曾讲到招延工匠住在家中造家具，经年累月，考究的硬木家具通过一双双巧手，一点点推敲、打磨出来。

这些矩镬法度通过一代代的言传身教，成为如今苏作师傅不言自明的默契。几百年后的苏州，明式家具的手法仍不变，典型俱在，明式风格在此地源远流长，延绵不替，随便问一个老师傅，苏作的精髓都谙熟于心：各部位的有机组合既提炼到简单明确，合乎力学原理，又十分重视实用与美观。材料的使用，力求不悖其本性，善于展显其长而隐避其短。

此刻窗外阴雨，许建平忆起儿时见过的苏作家具。

"从小在苏州长大的孩子才做得出苏作——让他画小时候看到的家具，肯定是苏作。"他说，"我小时候看着这些家具被砸掉。能把它再设计复制出来，很满足、很亲切。"而苏作师傅史明忠入苏作中雕花这一行后，最受用的练习就是修复一些被砸坏的旧家具。缺一个腿，就拆开保存完好的另一个腿，看榫卯学原样，复制出一个腿。

一个成熟师傅的工具袋里会装着上百件工具，他熟稔选材、选款及雕花、打磨等诸多细节。若为这样一位老师傅画像：他眼睛挑剔，一眼便能报出家具的尺寸，三五厘米内的偏差不会超过 3 毫米，但还是尺不离手；十几岁就入了行，不善言谈，可一说起榫卯就滔滔不绝；内敛，但有心气，不破规矩，也绝不接受行当里的乱象；当得起几十个工人组成的流水线上的作头师傅，盯着开料、雕花、上漆等多个工序，协调木工、雕花工、漆工间的配合；最后，他一直记着比他还老的老师傅的话。

如今，多数苏作师傅年纪都在五十岁以上。"在苏州，比我年轻的手艺人很少了。"宋卫东感慨，"我已经好几年没带徒弟了。"同在光福

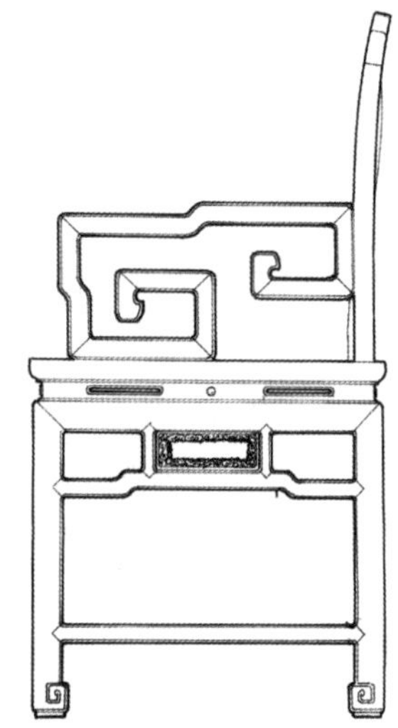

许建平设计的文人椅图稿

镇，史家父子经营的“明仕阁”历史可追溯至1911年清宣统年间的“明仕阁木器号”作坊，1985年出生的儿子史志晔本科毕业后，接下了第五代传承人的担子，先跟父亲学雕刻、跟随二叔和三叔学习木工和漆工，还拜师许建平钻研设计。这一行时间投入越长，就过得越快，眨眼间十年已过。

明式家具制作技艺入门时间长，看着简单的几个榫头、几根线条，需要漫长而枯燥的时间去钻研才能领悟，加之经济效益回报周期久，传统带徒理念与现代商业模式、专业人才培训还需磨合，很难留人。等如今中坚力量老去，人才青黄不接的危机要来临。

“但坚持下来的年轻人，会是绝代。”宋卫东说到转机。

延续传统的想象力，打磨此刻的光泽

宋卫东厂里放着的木材，少说自砍下也有几十年。“进来时闻得到香味吗？”宋卫东常不紧不慢地问来客。宋卫东这一代苏作传承人，是木匠，也是家具企业管理者；苏作，是传统手艺和行当，也是一种现代职业；他要考虑的有传承、坚守、取舍，也有如何应对市场需求与行业内外的压力和乱象。

在古典家具热潮同期，西方思潮包括西式生活方式和设计概念也开始陆续进入国内，影响着公众审美需求尤其是年轻一代对家具的偏好。2000 年，应对红木家具的普及与木材匮乏的现状，新国标将红木分为了 5 属 8 类 33 种，但也带来市场上不同类别红木价值与价格的错位。苏作行内，现代规模化的生产引发了更大的冲击。一些厂家考虑利润和成本，把传统榫卯结构简化。宋卫东展示了一种双榫头让连接更牢固的榫卯结构，它费工、无法用机器代替，“如今一百多家苏作家具厂，未必能找到三五家还这么做”。

从现代商业的理性看，榫卯于家具，不是必须且唯一的存在。现代家具采用不同结构方式,降低加工成本，实现多样造型，让消费者有了更大选择范围。但在传统苏作工匠眼中，有些东西根深蒂固，是师傅传下来的精髓与法则。看一件家具是不是纯正苏作，不在工时，也不需追问当部分工序可被机器替代时手工的比重，而是去看那些“看不见的工”：是否还在坚持使用传统、完整的榫卯结构。

“确实，我可以选择，但去掉一个榫头,你就见不到如今这个我了。”宋卫东说。波荡之中，榫卯在检验这当代苏作的定力。

牢固，并不意味着顽固。在近二三十年中，新一代苏作木匠的佼佼者大多完成从匠人到现代企业管理者、非遗传承人的转型。除了增进行业互助的苏作红木家具专业委员会，2018 年苏作红木家具制造史上第一个文字规范标准《苏作红木家具团体标准》的发布，也是口传心授的传承方式在当代顺应标准化、职业化的弹性调整。比起师傅们，这一代苏作匠人的世界更广阔。这些年，宋卫东收了不少老家具，也时常去国外交流，知名博物馆的明式家具已看遍。这次拜访前，他刚从澳大利亚回国，“我们带了很多工具去，而他们的细木工种完全机械化了”。

当布景从明清风情画和文人风雅日常，转向现代化、职业化与国际化的当代背景,苏作的未来该如何校准?

对许建平来说，难在设计。这些年，他走过苏州和北京、广东、浙江等地较大规模的古典家具市场，见多了专门设计人员缺失和对明式家具的粗浅复制，却难见对其静而美、简而稳的内在精髓的再现。“这样做，没有前进。”许建平所理解的设计，其一为传承，在古典文化与艺术研究基础上，把今已逝去的古典家具，原汁原味复原到现代人的生活中；其二，是在明代家具基础上，顺应现代人的生活需求，寻求“创意苏作”。

宋卫东则在现代商业中，把握适度。他坚持“规模做大不是我想要的东西”，除试用新国标中的新材料，制作适合年轻群体的新明式家具，还在摸索苏作家具这一传统文化符号如何能投射到当代苏州人的生活空间里。一家注重生活空间搭配的红

宋卫东入行几十年，如今他还是一家家具厂的经营者。他眼光犀利，一眼便能报出家具的尺寸，言辞内敛，但一说起榫卯来就滔滔不绝。摄影 / 阮传菊

木家具生活馆，或许是答案。而被称为 80 后的史志晔，选择从作品踏实地做起。将苏作家具拆成元素，再根据现代审美需求重组，依然遵循苏作工艺却又打破常规，这与苏州匠人在明代就掌握的模块化设计方法相通。2013 年，史志晔以此设计出使用传统榫卯结构"霸王枨"连接、形似"囧"字的囧字凳，打动了年轻客户群。他特意介绍，囧在东汉许慎《说文解字》中，"窻牖丽廔闿明"，意指窗户明亮透明。

古老的光，还在延续。

"曾经有人问我，当代红木家具制作工艺能否超越明代，我的回答是'NO'。"许建平坦言，但当代人依然要有新的诉求：延续传统的想象力，珍重苏作的荣光，打磨它在此刻的光泽。旧时文人留下了心气，老匠人则夯实了底气，今日的苏作师傅对不过关的家具依旧不客气，"抛开了现代灯光，很多家具是经不起看的"。

要知道，长夜漫漫，旧日里苏作家具，没什么打光，随的是日光月光烛光。它的光不在外，而在内，在一方水土，于时间长河，始终未灭。

书房不仅是燕居之室，亦是文人情趣的大本营。通过家具，文人将抽象的“雅人深致”具象细腻地表达出来。